Les Petits Signes extérieurs du bonheur

Stéphanie Lambert-Mesguich

Les Petits Signes extérieurs du bonheur

ISBN numérique : 9791040536451

EAN papier : 9791040536468

Illustration de couverture : Albane Ployart

Librinova

Courriel : contact@librinova.com
Internet : www.librinova.com

"Les personnages de mes romans sont mes propres possibilités qui ne sont pas réalisées. C'est ce qui fait que je les aime tous et que tous m'effraient pareillement. Ils ont, les uns, les autres, franchi une frontière que je n'ai fait que contourner. C'est cette frontière franchie (la frontière au-delà de laquelle finit mon moi) qui m'attire. Et c'est de l'autre côté seulement que commence le mystère qu'interroge le roman. Le roman n'est pas une confession de l'auteur, mais une exploration de ce qu'est la vie humaine dans le piège qu'est devenu le monde."

Milan Kundera, L'Insoutenable légèreté de l'être

Prologue

Devant l'entrée, la dame aux chats dirigea son regard sur la pancarte : le parc ouvrait désormais une heure plus tôt, et fermait une heure plus tard. Le passage à l'heure d'été, à défaut d'être justifié et conforme à la réalité solaire, présentait au moins cet avantage, pensait-elle.

Elle haussa les épaules, dépitée par une nouvelle preuve tangible de l'absurdité de notre monde, et pénétra dans son univers. La grille de la rue du Bocage marquait la fin de la minéralité pour céder la place aux chênes, aux platanes, ou encore aux séquoias qui avaient traversé bien plus de décennies que tout le joli monde qui l'entourait. Pour elle, cela ne faisait aucun doute : le parc Bordelais était à ses yeux le plus beau qu'elle connaissait.

En cette fin de journée printanière, les giboulées avaient dissuadé les promeneurs. De fortes averses précédaient les éclaircies avant de revenir de plus belle. Seuls de courageux cyclistes couverts de ponchos et quelques propriétaires de chiens arpentaient les allées.

La dame aux chats longea le plan d'eau, dépassa la passerelle et posa son cabas. Aussitôt les oies, les canards, les pigeons se précipitèrent à sa rencontre. Elle jetait les morceaux de pain, avec les épluchures de légumes, les graines, en veillant à ce que les plus gourmands, les plus forts, les plus sûrs d'eux, ne s'accaparent pas tout le repas et en laissent un peu aux plus timorés. De toute façon, si un dominant s'avisait à spolier un plus faible, elle ne le laissait pas faire. Mieux que quiconque, elle avait le don de se faire comprendre et respecter des animaux du parc.

Certains passants la considéraient probablement comme une marginale, mais le regard des autres l'indifférait. Elle s'octroyait le droit de fonctionner à contre-courant des diktats des tendances et d'une société qu'elle jugeait essentiellement fondée sur les apparences. Ses chaussures et ses vêtements étaient usés par le temps, démodés et dépareillés, ses cheveux étaient recouverts d'une capuche en plastique quand il pleuvait, elle ne se maquillait pas. Elle ne trichait pas avec la personne qu'elle était fondamentalement.

Depuis quelques jours, son attention se portait sur les oies d'Égypte ; un couple avait eu des petits, sept au total. La nature allait vite. Bientôt, ces oisillons, dont les plumes avaient déjà remplacé le duvet, deviendraient aussi majestueux que leurs parents et pourraient s'envoler. Toute à sa contemplation, elle se demandait lequel des sept tenterait cette expérience de liberté en premier, et songeait à l'inutilité des grilles de l'entrée du parc : les oies pouvaient aisément dépasser ces frontières qui n'étaient que verticales, donc à ciel ouvert. Restait à savoir si elles les franchiraient, ou pas : cela dépendrait de leur soif de liberté, de leur courage à renoncer à leur zone de confort. Elles et elles seules pouvaient le décider, certainement pas les horaires d'ouverture du parc, et encore moins le passage à l'heure d'hiver ou l'heure d'été. La nature était plus forte que tous ces artifices et autres absurdités.

Après avoir accompli sa mission, elle passa de nouveau devant les grilles, dans l'autre sens, quitta le monde végétal pour retrouver son autre monde, celui du minéral, des façades en pierre, des voitures, des scooters, des bus, de la ville. Un peu plus loin, à l'approche de son quartier, habituellement épargné des bruits de la vie urbaine, une camionnette du SAMU, gyrophare allumé et sirène assourdissante, la dépassa à toute vitesse et la fit sursauter.

Arrivée à l'angle de sa rue, elle comprit que quelque chose de grave s'était produit. Elle s'approcha doucement et discrètement. Les rideaux des fenêtres des gens de la rue bougeaient furtivement. Les piétons peinaient à dissimuler leur curiosité et ralentissaient leur rythme de marche. Un voisin ouvrit sa porte. Puis un autre. Et encore un. La curiosité semblait désormais permise. Celui qui regardait derrière le rideau ouvrit sa fenêtre. Les piétons reprirent leur marche et osèrent s'approcher, puisque d'autres l'avaient fait avant eux.

Lorsqu'elle arriva à la hauteur du SAMU, elle se trouva au milieu d'un attroupement de plusieurs personnes. Elle ne dit rien mais observait et écoutait. Un drame s'était produit dans cette maison bourgeoise. Une très belle façade en pierre typique de l'architecture bordelaise. Les sons et voix s'entremêlaient :

— Que s'est-il passé ?

— Oh non, pas eux, ils sont tellement gentils...

— Je crois que c'est elle, plutôt, regardez ! Mon Dieu, j'espère qu'elle va s'en sortir !

— Moi, je crois qu'elle était dépressive...

— Vous croyez ? Elle aurait tenté de se suicider ?

— Quel dommage, elle avait tout pour être heureuse !

— Attendez, si ça se trouve c'est un accident...

La dame aux chats en avait assez entendu. Tous ces gens ne faisaient que supposer, inventer, émettre des hypothèses, parfois médire ou juger. Mais intrinsèquement, la seule vérité qui pouvait être avancée à ce stade était d'une extrême simplicité : ils ne savaient rien.

À cet instant, elle se dit que finalement, personne ne pouvait deviner ce qui se tramait derrière les façades.

Personne, sauf ceux qui étaient de l'autre côté.

1. Un dimanche en famille (I)

Quelques mois plus tôt...

La messe du dimanche venait de s'achever et l'église se vidait paisiblement, rang après rang. Debout, face à leur partition, les choristes attendaient le signal du chef de chœur pour interpréter le chant de sortie.

Dès les premières notes, Catherine reconnut l'air "Amazing Grace" et fut submergée par l'émotion. Elle se figea soudain au milieu de son rang. Durant ce moment de trouble, elle ne perçut ni le blocage engendré derrière elle, obligeant ceux qui la suivaient à emprunter un autre chemin pour rejoindre la sortie, ni l'éloignement de sa mère, son fils et son mari, qui la précédaient et se dirigeaient vers le parvis de l'église. La musique possédait ce pouvoir étrange de la projeter dans un autre monde, comme dans un rêve éveillé où ressurgissaient des souvenirs finalement pas totalement enfouis. Désormais seule dans son rang, les yeux humides, Catherine devait revenir à la raison et suivre le mouvement, rejoindre les siens à l'extérieur. Plusieurs mètres devant elle, sa mère, instinctivement, se retourna. Nul besoin de prononcer un mot. Sa bouche serrée et son regard fixe exprimaient le fond de sa pensée.

Catherine s'approcha d'elle, timidement, résignée. Un simple regard de sa mère parvenait à la rendre coupable, sans fondement, sans raison, mais coupable quand même. Elle redevenait la petite fille obéissante et sage qu'elle était quelques décennies plus tôt.

— Qu'est-ce qui t'a pris, de bloquer l'allée et de te donner en spectacle de cette manière ?

— Tu sais bien que j'aime beaucoup ce morceau, maman, c'est tout.

La mère de Catherine connaissait la grande majorité des visages de la foule qui s'agglutinait désormais sur le parvis. Le ton et la teneur de la discussion avec sa fille contrastaient avec les sourires -certes crispés-, qu'elle adressait aux personnes qu'elle saluait à distance. Ces dernières n'avaient pas besoin de deviner l'animosité ambiante. Pour Catherine, qui avait été éduquée dans le respect de l'autorité, il n'était pas question de riposter. À l'approche de la cinquantaine, elle ne s'était toujours pas affranchie de la pression maternelle.

— C'est tout ? Ne me prends pas pour une idiote. Je sais très bien que ces musiques-là te rappellent "l'autre". Vas-tu enfin tourner la page ? Cela fait plus de vingt ans qu'il est mort !

— Je sais, Maman. Même si pour moi, il ne sera jamais complètement mort. C'est comme ça.

— Mais Catherine, reviens sur terre ! Tu as un mari et un fils formidables. Ils doivent être ta priorité, conclut-elle en prenant sa tête entre ses mains, avec une petite mimique qui pourrait traduire douleur ou agacement refoulé.

"L'autre" s'appelait Alex. Il avait juste vingt-cinq ans quand son avion s'est écrasé au milieu de nulle part au large des côtes africaines, lors d'une mission humanitaire. Pour Catherine, il aurait dû être l'amour de sa vie. Pour sa mère, il restera celui qui n'aurait jamais dû exister. Peu conventionnel, écorché vif, baroudeur, en perpétuel mouvement, sans attache, sans ambition professionnelle. Elle demeurait persuadée que cet homme n'aurait jamais offert à Catherine tout le confort et la stabilité dont JB, son mari, lui permettait de bénéficier. Aussi, elle imaginait au plus profond d'elle-même qu'il l'aurait éloignée de sa fille en vadrouillant dans des pays instables, hostiles et dangereux.

JB s'approcha de Catherine et posa affectueusement la main sur son épaule. Thibault était à ses côtés. Elle esquissa un sourire, apaisée, entourée de ses hommes. Sa mère lui lança un regard approbateur. Elle avait sûrement raison. Catherine avait de la chance. Un mari et un fils formidables. Une situation qui la mettait à l'abri du besoin. Même pas utile de travailler, pensait-elle. JB gagnait très bien sa vie. Le couple possédait une belle maison en plein Bordeaux.

Aucun doute : elle avait tout pour être heureuse.

Comme tous les dimanches, la mère de Catherine avait concocté un excellent repas. Et comme tous les dimanches, les mêmes sujets revenaient sur la table.

— JB, dites-moi, vous tenez le choc avec des semaines aussi chargées ?
— J'y suis habitué, et puis j'aime ce que je fais... Si bien que je ne vois pas le temps passer.
— Tu vois, Thibault, ton père a pu choisir un métier gratifiant. CHOISIR. Tout est là. C'est pour cela que tu dois poursuivre tes études le plus loin possible.

Thibault mastiquait son repas, ce qui lui procurait un excellent prétexte pour ne pas répondre à l'ingérence de sa grand-mère. Catherine ne dit rien et se leva pour débarrasser les assiettes. Sa mère poursuivit la conversation avec son gendre.

— Où en êtes-vous donc avec votre collaboratrice récalcitrante ?

JB fronça les sourcils.

— Vous savez, celle qui ne voulait pas démissionner et qui vous bloquait avec son congé sabbatique ?

— Ah oui, celle-là ! Et bien c'est une affaire classée. Enfin presque... Répondit-il en se frottant les mains.

— Tant mieux. J'admire votre efficacité. Et toi, Thibault, raconte, tu vas faire quoi après ton BTS ?

Catherine les interrompit un court instant en déposant les assiettes à fromage et commença le service.

— Oh moi, je ne sais pas encore. Il faut déjà que je réussisse mon BTS, après on verra...

— Il va faire une école de commerce, interrompit JB.

— Voilà qui est encourageant. Ton père a raison, Thibault. C'est très bien les écoles de commerce. La preuve ! ajouta-t-elle en regardant son gendre.

JB fit une moue qui signifiait : "Oui, c'est très bien, à condition de viser le haut du panier". Thibault ne dit rien et orienta ses yeux vers sa mère qui esquiva son regard. Elle semblait vouloir éviter la discussion, peut-être la remettre à plus tard, et surtout pas ici.

Catherine parlait peu pendant les repas. Elle observait, tendait un peu l'oreille et adaptait ses expressions pour donner l'impression de suivre le fil de la conversation. Son regard s'attarda un instant vers les photos de son père. Il y avait quelques cadres ici et là, qui semblaient n'avoir jamais changé de place. Elle se rappelait les jours heureux, à l'époque où sa mère souriait encore. Jusqu'au grand malheur, ce jour où il s'écroula littéralement sur le sol, lors d'une randonnée en montagne. Il avait l'air solide, pourtant, du haut de son mètre quatre-vingt-dix et ses presque cent kilos. Il avait l'air. Mais son cœur en avait décidé autrement.

Les apparences étaient décidément parfois trompeuses.

— Votre repas était divin, comme toujours ! Excellente idée, les Saint-Jacques flambées au whisky, affirma JB, sous le regard bienveillant et flatté de sa belle-mère. Catherine, tu devrais essayer cette recette…

— Merci, JB, vous êtes adorable. À dimanche prochain, mes enfants. Catherine et Thibault ont de la chance de vous avoir, ajouta-t-elle à voix basse.

2. Dans la cave (I)

Depuis la messe de la veille, le chant “Amazing Grace” ne quitta pas une seule seconde l’esprit de Catherine. Ni au coucher, ni à son réveil le lendemain matin.

C’était lundi. Thibault était déjà parti. Elle n’attendait plus que JB enfourche son scooter pour s’enfermer à clé et descendre dans la cave. Derrière les caisses de vêtements, au fond d’une étagère, il y avait un carton qui ressemblait à un emballage de ramettes de papier. Dans le carton, des papiers rangés dans une pochette à élastique. Sous la pochette, une boîte à biscuits métallique. Dans la boîte, d’autres papiers, peut-être aussi des photos, et un journal intime. Dans le journal intime, l’histoire de sa rencontre avec “l’autre”, de son vrai nom Alex. C’était en début d’automne, un jour de septembre. C’était il y a plus de vingt ans.

Hier soir, ma vie a basculé. Le Rotaract[1] *organisait un gala de charité (pour une association de lutte contre la faim en Afrique). Cette soirée-là, je ne l’oublierai jamais. Je n’ai pas dormi de la nuit. Mon cœur bat la chamade depuis hier. Je suis hantée par sa voix, son visage. Je sens ses bras autour de ma taille. Quand je dansais avec lui, quand il m’a serrée contre lui, il a laissé un peu de son parfum sur mon étole. Je le sens encore. J’entends toujours la musique qui se jouait à ce moment-là. Amazing Grace.*

Pour l’occasion, je portais une robe écrue, toute simple mais très chic. Je l’aime bien, cette robe. Elle va avec tout. La coupe

1. Association du Rotary regroupant jeunes actifs et étudiants pour des missions caritatives.

évasée affine la silhouette, le décolleté est discret sous l'étole.

Le cadre était féerique. Après une introduction qui présentait les actions du Rotaract, notre président prononça un court discours sur l'objet du gala. Puis il présenta l'association partenaire, l'orchestre et le chœur. Les airs de gospel qui étaient joués contribuaient à créer une ambiance à la fois joyeuse, singulière et émouvante. Je dansais et chantais avec mes amis de promo et ceux du Rotaract sur "Happy Days".

Là, quelqu'un a pris le micro. Je discutais avec mes amis et n'écoutais pas vraiment ce qu'il disait. Je suppose qu'il représentait l'association destinataire des dons récoltés durant la soirée. La foule cessait peu à peu les discussions pour laisser place au silence. Alors à mon tour, je me suis tue et j'ai levé la tête en sa direction. J'ai pris conscience de la teneur de son propos. Je me suis même mise à culpabiliser de ne pas m'être davantage préoccupée de la cause que nous défendions ce soir. J'étais venue pour m'amuser et là, je prenais une claque en réalisant la vraie raison qui aurait dû m'animer.

Je l'écoutais, captivée, quand soudain il dirigea son regard en ma direction. Je suis incapable d'expliquer ce qui s'est passé. À partir de ce moment précis, je me suis sentie comme pétrifiée. Je ne pouvais plus me défaire de ses yeux qui me transperçaient littéralement. Et lui, tel un aimant, semblait dans un état proche du mien. Mes jambes se sont mises à trembler. Mon cœur commença à s'emballer. Mes mains devenaient moites. Je ne sais plus trop ce qu'il disait, mais tout ce dont je me souviens, c'est qu'il s'est subitement arrêté de parler, sans finir sa phrase. Les mots ne semblaient plus vouloir sortir de sa bouche. Enfin, il se détacha de mon regard. Il fit un signe de la tête à l'orchestre. Le chœur envoûta aussitôt l'assistance avec une sublime interprétation d'"Amazing Grace". Mais lui, celui qui avait volé mon cœur et mon souffle quelques secondes seulement, avait disparu de la scène. Entourée d'une foule de plusieurs centaines de personnes, je me sentais seule comme jamais.

Puis il y eut une sorte de miracle. Un enchantement. Je ne sais comment cela s'est produit. Il se tenait devant moi et me fixait. J'étais hypnotisée. J'avais l'impression qu'il n'y avait que lui et moi. Comme dans "West Side Story", quand Maria et Tony se voient pour la première fois. Le monde autour n'existait plus. Nous ne nous sommes pas dit un seul mot. Il m'a enlacée et nous avons dansé. Sa main sur ma taille m'a donné des frissons. J'ai senti son souffle sur ma nuque. Son parfum. Sa peau. Ces sensations ne me quittent plus depuis hier. Comme Amazing Grace. Même si plein d'autres chants et morceaux ont été joués ensuite. Celui-ci est resté en nous.

Quelqu'un s'approcha de nous et interrompit soudain ce moment suspendu. L'homme mystérieux au regard de braise m'abandonna. Pourtant, j'étais sereine : je lisais dans ces yeux qu'il reviendrait vite. J'avais raison. Quelques minutes après, une femme vint vers moi. Elle me demanda si j'étais "la fille à la robe et à l'étole écrues qui a dansé avec Alex". Désemparée, j'acquiesçai. Elle me remit un petit morceau de papier puis disparut.

Il s'appelait donc Alex. Le petit mot disait :

"Nous ne nous sommes rien dit. Et pourtant c'est comme si nous nous étions tout dit. Je quitterai Bordeaux dans deux mois pour l'Afrique et ne reviendrai pas. Je ne sais pas si ce qui suit est une bonne idée. Le temps est compté. À toi de décider. Mais si tu as envie autant que moi de vivre ce qui n'arrive peut-être qu'une fois dans une vie, je te propose de me retrouver demain, à seize heures, devant la fontaine des Trois Grâces."

Catherine fut interrompue dans sa lecture par un bruit inhabituel dans sa rue. Elle rangea soigneusement son journal, la boîte, le carton, remonta les escaliers de la cave.

Elle eut rapidement l'explication de ce remue-ménage : des agents de la mairie installaient des panneaux d'interdiction de stationnement devant la maison de ses voisins.

3. Les petits nouveaux

Les déménageurs déchargeaient les meubles et les cartons vers la maison d'à côté, qui s'était vendue en un clin d'œil. Le prix, probablement non négocié vu la rapidité de la transaction, devait être conforme à la loi du marché, dans ce secteur très prisé de Bordeaux : prohibitif. JB ne s'en étonnait pas et, même, s'en réjouissait. Cela le confortait d'avoir acheté sa maison vingt ans plus tôt une bouchée de pain; il savait que sa valeur excédait largement le million d'euros désormais. Économiquement logique et humainement absurde, pensait Catherine : les plus modestes devaient opter pour un petit logement ou bien pour un éloignement en périphérie de la ville, qui impliquait des contraintes de transport considérables. Quoi qu'il en soit, elle avait hâte de rencontrer ses nouveaux voisins.

— Des Parisiens, j'en étais sûr, constata JB en observant depuis sa fenêtre la plaque d'immatriculation du SUV noir.

Catherine fut légèrement agacée de la remarque de son mari, lui-même originaire de la région parisienne, qui était devenu au fil des années plus Bordelais que les Bordelais, en critiquant souvent l'arrivée massive des Parisiens dans la capitale girondine.

— C'est un peu normal, répondit-elle, qui d'autre peut se payer une maison à ce prix aujourd'hui ? À moins de recevoir un héritage, avoue que cela devient compliqué.

— Pas faux, après on verra s'ils restent ou pas... J'en vois beaucoup qui déchantent après quelque temps. Bordeaux, niveau salaire, ce n'est pas la même chose que Paris...

JB enfila une veste lorsqu'il aperçut son nouveau voisin près du camion de déménagement.

– Bonjour, j'habite au 35. Bienvenue à Bordeaux ! Jean-Baptiste, appelez-moi JB, lui dit-il en lui serrant la main.

– Enchanté, moi c'est Bruno. Ma femme Vanessa n'est pas très loin. J'espère que nous serons bien ici.

– Cela ne fait aucun doute. Bordeaux est une ville très agréable et le quartier est comme un village. N'hésitez pas à sonner si vous avez besoin d'aide…

JB se tut quelques secondes et poursuivit :

– Si cela vous dit, venez donc prendre un verre à la maison ce soir !

Catherine était à la fois surprise de la démarche de son mari et réticente à l'idée de recevoir de parfaits inconnus chez elle. Avec l'aide de Thibault et JB, elle prépara néanmoins un joli buffet dînatoire.

La maison d'à côté allait enfin retrouver un peu de vie. L'occupante précédente, très discrète, ne sortait presque jamais. À son décès, ses fils avaient envisagé de mettre la maison en location. Lorsqu'ils eurent évalué l'ampleur des travaux de rénovation nécessaires pour lui donner le confort moderne attendu, ils s'étaient ravisés. Ils décidèrent de la vendre en profitant de l'attractivité du quartier.

Bruno et Vanessa furent les premiers à visiter la maison et les premiers à signer le compromis de vente. Véritable coup de cœur, elle représentait à leurs yeux l'idéal de la vie provinciale. Cette échoppe[1] pleine de charme était en rupture avec leur appartement parisien en copropriété, agréable mais bien loin des prestations de ce nouveau cocon : hauteur sous plafond, grandes pièces, pierre

1. L'échoppe est un type de maison de ville en pierre communément répandu à Bordeaux et aux alentours.

apparente, et petit jardin au calme en plein cœur de la ville, le tout à quelques centaines de mètres du magnifique parc bordelais.

Le couple de trentenaires était pétillant et dynamique. La perspective d'un nouveau départ dans cette ville à taille humaine, à moins d'une heure de l'océan et du bassin d'Arcachon, leur ferait probablement bien vite oublier l'épuisement et le quotidien de leur vie parisienne.

– Entrez, entrez donc ! Bon, c'est bonne franquette comme on dit, on a complètement improvisé...

– Oui, ne faites pas attention au désordre... Venez, installez-vous sur la terrasse.

Lorsque JB annonçait "bonne franquette" et "improvisé", il fallait traduire "Grand Cru Classé Pessac Léognan, toasts au foie gras et macarons". Et quand Catherine s'excusait du désordre, il fallait comprendre que la femme de ménage n'était pas passée ce jour. La maison était tout de même impeccable. Tous deux avaient un goût prononcé pour l'hospitalité. Ils savaient recevoir. L'apéritif ressemblait plutôt à un buffet dînatoire convivial au cours duquel le tutoiement s'autorisa naturellement et sans fioriture.

Bruno et Vanessa avaient deux jeunes garçons de trois et six ans. Le couple avait profité d'une proposition de mutation faite à Bruno pour quitter Paris. Cela impliquait pour lui de renoncer à une hypothétique promotion au siège puisqu'il abandonnait la capitale ; mais le poste lui convenait et surtout il tirait un trait sur une vie survoltée que lui et son épouse ne supportaient plus. Chef de secteur dans le domaine de l'équipement ménager, il était bon commercial et espérait obtenir de belles primes pour jouir pleinement d'une vie provinciale moins coûteuse qu'à Paris.

– Et toi, Vanessa, que fais-tu dans la vie ? interrogea Catherine.

— J'étais agent commercial dans l'immobilier, pour la branche défiscalisation. J'ai démissionné, faute d'implantation à Bordeaux.

— Mais tu aurais pu faire les allers-retours en TGV et travailler un peu à distance, non ? demanda JB.

— Oui, mais en réalité j'ai préféré partir : avec les enfants ce n'est pas simple, Bruno est souvent en déplacement. Et puis, j'avoue, j'ai envie de passer à autre chose.

Vanessa expliqua ses envies d'entreprendre. Elle s'était lassée des journées au bureau ou en prospection. Et surtout, elle avait soif de liberté et d'indépendance. Elle avait en tête quelques idées dans le domaine du tourisme et Bordeaux constituait l'implantation idéale, entre le bassin d'Arcachon et Saint-Emilion.

— Je t'aiderai si tu veux ! J'ai une formation en tant que juriste, cela peut t'être utile pour te lancer...

— Merci Catherine, c'est adorable ! Avec grand plaisir...

Catherine était remplie de joie à l'idée de rendre service à sa voisine, et surtout de mettre en œuvre ses compétences en droit, bien que très anciennes : elle n'avait jamais exercé réellement et s'était consacrée à l'éducation de son fils Thibault. Dans le fond, elle n'aimait pas beaucoup le droit qu'elle trouvait trop rigide, rébarbatif et ennuyeux, mais la perspective de se rendre utile pour sa voisine lui procurait un bien-être immense. Elle ne serait plus uniquement la “femme de” mais aussi celle qui participe, même bénévolement, à un projet de création d'entreprise. L'idée était séduisante et la confiance de Vanessa gratifiante et réconfortante.

— Vanessa, si jamais tu changes d'avis et si tu veux revenir à un poste salarié, n'hésite pas à m'en parler, proposa JB.

Il expliqua être le bras droit du Directeur Général d'une compagnie d'assurances dont le siège était basé à

Bordeaux. Une de ses collaboratrices était sur le départ, un poste serait donc prochainement à pourvoir. Vanessa et Bruno étaient impressionnés par l'humilité et la générosité de leurs hôtes. Impatients d'entamer une nouvelle vie à Bordeaux, ils promirent à leurs voisins d'organiser une pendaison de crémaillère dès que leur maison serait à peu près en ordre.

— On va se présenter aux autres voisins et leur proposer de venir, ce sera l'occasion de faire leur connaissance.

— Bonne idée. Nous sommes plutôt bien entourés, les gens sont sympas ici, dit Catherine.

— Il y a juste la vieille dame du bout de la rue, qu'on appelle la "dame aux chats", qui est un peu bizarre... ajouta JB. À part aux oies et aux canards du parc, je ne sais pas trop à qui elle parle !

Vanessa et Bruno se mirent à rire. JB avait pourtant raison. Cette femme, qui semblait habiter ici depuis toujours, vivait comme une ermite et parlait peu. Seule avec ses chats, elle ne recevait aucune visite. Tous les jours, elle se rendait au parc avec son cabas pour nourrir les oies du parc. Elle était peut-être le dernier témoin d'une époque révolue, ce temps où le quartier ressemblait à un village, avant de devenir un des lieux les plus huppés de la ville.

4. Un fantôme crève l'écran

L'échoppe de Bruno et Vanessa avait pris forme, bien que beaucoup de travaux dussent encore être réalisés. Il s'agissait principalement des finitions et de l'aménagement du jardin, avec un projet de piscine. Tous deux s'étaient tellement vite adaptés à leur lieu de vie qu'on aurait pu croire qu'ils habitaient ici depuis toujours. Pour accompagner leurs enfants à l'école, ils avaient adopté le vélo-cargo électrique, très tendance ici. La plaque d'immatriculation de leur SUV avait été changée quelques jours à peine après leur emménagement. Bruno s'était inscrit dans un club d'œnologie pour parfaire ses connaissances dans un domaine où il avait beaucoup à apprendre. Vanessa avait intégré l'association de parents d'élèves de l'école de ses enfants. Définitivement, ils croquaient leur nouvelle vie à pleines dents et pour rien au monde, ils n'envisageaient un retour en arrière.

Lorsque Catherine rejoignit sa voisine pour l'aider dans la préparation de leur pendaison de crémaillère, elle fut subjuguée par la métamorphose de leur maison. Vanessa avait un don. Elle possédait cette rare capacité à se projeter dans son futur intérieur et à obtenir exactement le résultat attendu. Elle savait créer une unité avec du dépareillé. Inventer une décoration moderne avec de l'ancien. Donner une touche chic et tendance à des meubles récupérés. Détourner l'usage initial d'un objet. Elle avait anticipé qu'abattre la cloison de la cuisine, puis déplacer le lieu de vie au cœur de ce nouvel espace, allait sublimer l'ensemble avec de nouvelles lumières qui mettraient en valeur la pierre apparente et la hauteur sous plafond. Avant de commencer les travaux, elle connaissait déjà précisément l'emplacement des meubles, ceux qu'elle devrait acheter, leur style, leur couleur.

– J'adore faire ça. C'est mon truc. Créer des illusions. De nouveaux espaces. D'ailleurs je me demande si je ne vais pas inclure le home-staging dans mon offre de services.

– Tu parles de ton entreprise ?

– Oui, et je vais avoir besoin de toi, si tu veux bien. Pour la partie montage juridique et pour les modèles de contrat.

Catherine était emballée par le projet de Vanessa qui avait déjà bien affiné ses idées. Elle voulait créer une conciergerie spécialisée dans la location de vacances. Elle pourrait ainsi mettre à profit ses connaissances dans l'immobilier et les conjuguer à son goût pour la décoration et l'aménagement intérieur.

– Je t'aurais bien proposé de gérer notre chalet à la montagne, mais il est bien trop vieillot à mon avis.

– Vous avez un chalet à la montagne ?

– Oui, dans les Pyrénées. Un peu "dans son jus", comme on dit.

– Catherine, c'est vraiment très gentil, mais je vais me concentrer sur le secteur de Bordeaux et du bassin d'Arcachon, dans un premier temps. Il faut que je teste mon modèle économique. Mais pourquoi pas, ensuite !

Vanessa s'étonnait du fait que sa voisine n'ait jamais réellement travaillé. De nature hyperactive, elle ne pouvait quant à elle concevoir sa vie sans activité professionnelle. Catherine lui expliqua qu'elle avait fait le choix de se consacrer à l'éducation de Thibault, car JB était souvent absent en semaine.

– Ton fils est grand maintenant, tu ne vas pas t'ennuyer quand il va quitter la maison ?

Catherine resta silencieuse. Vanessa comprit sa

maladresse et s'en excusa. Elle réalisa combien l'idée du départ de Thibault était un sujet douloureux et tenta de se rattraper.

– Et si tu m'aidais pour mon entreprise ? Je veux dire, pas seulement sur les contrats, mais aussi pour la déco, pour les accueils de clients ? Je te rémunérerais évidemment !

Catherine retrouvait le sourire. Décidément, le projet de Vanessa devenait de plus en plus séduisant.

Toutes deux s'attelèrent à la préparation du buffet. Une dizaine de voisins étaient attendus. À deux, le travail était rapide et aisé, d'autant que Vanessa était une grande adepte des produits surgelés pour ce type d'occasion. Catherine, qui était quant à elle une excellente cuisinière, découvrit des produits tout prêts dont elle ignorait l'existence. Sa voisine s'était simplifié la vie de ce côté-là. La présentation du buffet, ajoutée aux excellents Saint-Emilion et Ruinart servis ce soir-là, aurait pu laisser supposer que les macarons, amuse-bouche et mini-burgers surgelés provenaient du meilleur traiteur de la ville.

Lorsque Bruno rentra du travail, tout était presque prêt. Il ne restait plus qu'à mettre en route le micro-ondes, sortir la carafe à décanter et les glaçons pour le seau à champagne. Visiblement éreinté de sa journée, il prit un verre d'eau, alluma la télévision et s'installa dans le canapé.

– Ça ne va pas, mon chéri ? Tu as l'air soucieux...

Bruno prit la main de Vanessa, posée sur son épaule.

– Si, si, ça va. Je suis juste un peu fatigué. Merci les filles en tous cas, d'avoir tout préparé. Vous êtes adorables !

Les voisins arrivaient les uns après les autres, JB parmi les premiers. Le brouhaha devenait plus fort que le son du téléviseur, resté allumé sur une chaîne d'informations en continu. Sans aucune raison, Catherine tourna la tête vers l'écran. Elle aurait très bien pu tourner la tête de l'autre côté, ou bien ne pas la tourner du tout. Mais parfois les choses ne tiennent qu'à une fraction de seconde. Cette fraction de seconde montrait une manifestation au Brésil contre la déforestation amazonienne. Un des activistes était interviewé. Elle reçut à ce moment comme un électrochoc. L'homme, bien que barbu, grisonnant et même dégarni, ressemblait à s'y méprendre à son défunt grand amour, Alex. Quand son regard fixa la caméra, elle eut cette étrange sensation d'être transpercée et touchée en plein cœur. JB s'approcha de son épouse.

— Qu'est-ce que tu as ? Tu es toute bizarre... On dirait que tu as vu un fantôme !

Catherine secoua la tête pour reprendre ses esprits. Elle affirma qu'elle était juste un peu étourdie et que tout allait bien. Elle se dit que son imagination lui jouait des tours, qu'elle était probablement un peu fatiguée. Entre-temps, quelqu'un avait éteint la télévision et allumé une enceinte pour diffuser une musique en fond sonore. Au moment de trinquer, l'ambiance était festive et joyeuse. Thibault avait sympathisé avec Bruno rapidement. Ils parlaient tennis, surf et sports d'hiver.

— On pourrait taper la balle, qu'en penses-tu ? proposa Thibault.

— Il faut que je reprenne une licence, tu joues où, toi ?

Thibault expliqua qu'il jouait à deux pas de chez lui. Le club le plus proche était aussi un des plus beaux de la région et peut-être même de France. Il proposa à son voisin de l'inviter avant de s'inscrire. Il lui expliqua aussi que ses parents possédaient un chalet dans les Pyrénées. Ils pourraient y passer un week-end. Thibault interpella JB qui passait derrière lui.

— Papa, on parlait de ski avec Bruno. On pourrait se faire un week-end ensemble, tu ne crois pas ?

— Mais oui bien sûr, c'est une excellente idée ! Dès que

la station ouvre, on organise ça !

JB leva son verre d'un geste amical. Bruno était quant à lui un peu gêné de tant de générosité. Il n'entretenait pas du tout les mêmes relations de voisinage dans sa vie d'avant, où les habitants de la copropriété ne se connaissaient pas, se saluaient à peine et se regardaient même parfois en chien de faïence. Des voisins, qui semblaient avoir perçu la fin de la conversation, se joignirent à Bruno, JB et Thibault. Par sa culture, son humilité, sa position sociale, JB suscitait tellement d'admiration et de respect que Catherine et Vanessa se retrouvaient un peu seules, à l'écart.

– On va leur apporter le sucré, qu'est-ce que tu en penses ?

Catherine s'exécuta et toutes deux s'approchèrent du groupe avec les mignardises, ce qui détourna un court instant l'attention de chacun. Non pas en direction des femmes, mais plutôt vers le contenu du plateau : tartelettes, fondants au chocolat, éclairs au café, mini-canelés, panna cotta, verrines aux fruits, tout était subtilement présenté et surtout très appétissant. Doucement, JB s'approcha de son épouse.

– Ma chérie, fais attention, il y a du kiwi dans les verrines !

Catherine le remercia d'un léger sourire. Malgré la discrétion de son mari, tous les regards se tournaient vers elle.

– Je suis allergique au kiwi...

Devant l'étonnement de chacun, elle se sentit contrainte de développer, comme pour se justifier. Elle expliqua qu'une simple cuillerée de kiwi pouvait la tuer, tant l'allergie était violente. Cela commençait par des picotements sur les lèvres, la bouche, le palais, pour se transformer en brûlures au fond de la gorge indiquant la naissance d'un œdème qui pouvait mener à un choc anaphylactique ou un étouffement fatal. Elle avait heureusement toujours une piqûre d'adrénaline dans son sac à main, au cas où.

— Heureusement que ton mari s'en est rendu compte, je ne savais pas… murmura Vanessa.

Les discussions se recentrèrent assez rapidement autour de sujets plus gais grâce à JB qui maîtrisait l'art oratoire comme personne. Catherine s'effaçait quant à elle, désintéressée par la conversation et peut-être encore troublée de ce visage, à la télévision, qui ressemblait tant à Alex. Elle tentait néanmoins de se persuader que tout ceci n'était que le fruit de son imagination, alimentée par la fatigue et quelques verres de trop.

5. Dans la cave (II)

Catherine n'avait pas fermé l'œil de la nuit. Il avait suffi d'une fraction de seconde. L'image de ce visage et de ce regard la hantait depuis la veille.

L'extrême fatigue ajoutée à l'excès de vin lui procurait d'étranges sensations. Allongée dans son lit, elle baissait à moitié ses paupières, juste assez pour percevoir la lumière du jour qui se levait. Elle avait l'impression d'être ailleurs. Ni dans le passé, ni dans le présent ou le futur. Juste ailleurs. Les rayons du soleil traversaient les lames des volets. La chaleur dégagée caressait son visage. Elle sentait une présence, un souffle, des frissons dans tout le corps. Comme si Alex était là. C'était impossible, et pourtant, elle le sentait.

Thibault et JB dormaient toujours. Catherine glissa délicatement ses jambes hors du lit, sans faire de bruit, et descendit les marches de la cave pieds nus. Dans son carton, elle attrapa la pochette qui contenait, parmi d'autres souvenirs d'une époque révolue, des photos et des articles découpés dans la presse. L'un deux avait pour titre :

"L'Airbus s'abîme au large de la Côte d'Ivoire : 161 morts dont 13 ressortissants français."

L'article indiquait que les Français à bord de l'appareil étaient en mission humanitaire et citait l'association dans laquelle Alex était engagé. Il devait en effet rejoindre Abidjan depuis le Kenya. Une tempête de sable scella à jamais le destin des passagers.

Les souvenirs ressurgissaient. Catherine se rappelait

avec amertume la réaction de sa mère, soulagée qu'elle ait rompu avec Alex avant son départ pour l'Afrique. Si elle l'avait suivi, elle se serait probablement trouvée à ses côtés dans cet avion maudit. À cause de sa mère, elle venait de renoncer à sa plus belle histoire. Mais grâce à elle, elle était en vie. Elle l'avait convaincue, à l'époque, de quitter cet homme pour s'assurer un avenir plus serein avec JB, qui la courtisait bien qu'il mît un certain temps à obtenir ses faveurs.

Catherine ouvrit son journal intime. Avant de se replonger dans ses souvenirs, elle porta son attention sur le petit mot d'Alex, celui laissé après leur rencontre au gala :

"Je quitterai Bordeaux dans deux mois pour l'Afrique et ne reviendrai pas. Je ne sais pas si ce qui suit est une bonne idée. Le temps est compté. À toi de décider. Mais si tu as envie autant que moi de vivre ce qui n'arrive peut-être qu'une fois dans une vie, je te propose de me retrouver demain, à seize heures, devant la fontaine des Trois Grâces."

Elle avait décidé. Elle l'avait retrouvé le lendemain à la fontaine des Trois Grâces. Ce jour marqua le début des deux mois les plus beaux de sa vie, mais avec un sablier retourné. Chaque jour qui passait était un jour de moins restant à être ensemble. Alors tous deux vivaient chaque nouveau jour comme s'il était le dernier, plus intensément que le précédent. Dans cette course contre la montre, l'échéance s'approchait dangereusement, inéluctablement. Catherine tenta bien de convaincre Alex de repousser son départ. Elle envisagea même un instant de le suivre. Il l'en dissuada. La vie qui l'attendait là-bas s'annonçait palpitante, humainement extraordinaire, pleine de sens pour lui, mais totalement inadaptée pour un jeune couple, et dangereuse aussi.

Pour éviter des adieux déchirants, ils choisirent ensemble de se quitter dignement, quelques jours avant le grand départ d'Alex pour l'Afrique. Il devait rejoindre Paris pour s'envoler pour le Kenya, puis quelques jours après pour la Côte d'Ivoire.

La mère de Catherine fut réjouie de ce qu'elle considérait comme une sage décision. Dès lors, elle n'espérait plus qu'une chose, que sa fille oublie Alex et se tourne vers celui qui la courtisait depuis plusieurs mois, sans qu'elle ne s'en aperçoive vraiment : le jeune et brillant Jean-Baptiste, qu'on appelait déjà à l'époque JB. Tout juste diplômé d'une grande école de commerce, son goût acharné du travail l'avait conduit à compléter sa formation dans la finance pour appréhender sa vie active avec ambition. Orphelin de mère et dénigré par son père, il n'avait jamais abandonné l'espoir, pourtant vain, que ce dernier soit un jour fier de lui.

Durant les quelques jours qui précédaient le départ d'Alex, Catherine, perdue, désemparée, encouragée par sa mère, accepta de voir JB un peu plus souvent.

Elle attrapa son journal intime et s'arrêta au départ d'Alex pour l'Afrique. C'était un jour de janvier.

Aujourd'hui, mon Alex est parti. Il a décollé pour le Kenya. Il est déjà si loin de moi. Je me sens vide, impuissante.

Ce matin, j'ai voulu prendre la route pour Roissy, pour le rejoindre. J'aurais pris un billet et je serais montée dans l'avion. Un aller simple. Je n'aurais rien dit à ma mère, ni à JB. Ils m'en auraient voulu et ne m'auraient jamais pardonné. Je pense que JB se serait remis de la situation. Mais pas maman. Depuis que papa est parti, elle est seule. Je ne pouvais pas l'abandonner. Et Alex ne voulait pas que je vienne avec lui. Trop dangereux, pas une vie pour une fille comme moi, il disait. Il avait peut-être raison. Je ne sais pas.

Ce matin, je n'ai pas pris la route pour Roissy. J'ai juste ouvert ma fenêtre et j'ai regardé le ciel. J'ai vu des avions passer. Peut-être qu'Alex a vu lui aussi quelque chose. Une fille désespérée qui regarde à sa fenêtre ce qu'elle a perdu de plus cher.

Et puis un peu plus tard, JB a sonné à la porte. Il tenait un bouquet de fleurs. Je me suis laissée embrasser, j'avais tellement besoin qu'on me tienne dans les bras. JB, le pauvre, ne savait pas que je pensais à un autre à ce moment-là. J'ai eu l'impression de lui mentir, de faire semblant. Mais ce n'est pas ça le pire. Ce qui est horrible, c'est qu'il va croire que je suis prête, maintenant. Il va vouloir aller plus loin. Je sais bien qu'il n'attend que ça (et ma mère aussi d'ailleurs).

Je me sens comme prise dans un étau, comme si mon destin venait de basculer et comme si j'avais franchi un point de non-retour. Comme si j'étais officiellement avec JB maintenant, avec tout ce que cela implique.

Je ne sais pas quoi faire. Mais ce qui est certain, c'est que chaque jour qui passe, je me sentirai davantage engagée et ce sera de plus en plus difficile de le quitter : ce serait lui avouer que je ne l'aimais pas vraiment, sans parler de la déception de maman. De toute façon, ce que j'ai vécu avec Alex, c'est un truc qui n'existe pas dans la vraie vie. Je sais très bien qu'avec ou sans JB, je ne revivrai jamais cette intensité. Ni avec personne d'autre d'ailleurs. Alors c'est peut-être mieux comme ça.

— Maman ? Tu es où ?

Thibault extirpa sans le vouloir Catherine de ses souvenirs. Pour justifier sa présence dans la cave, elle attrapa une brique de lait et remonta les marches de la cave. JB prenait son petit déjeuner, et versa un peu de lait dans son café.

— Il y en avait ! lança-t-il à Catherine. Tu n'avais pas besoin de descendre.

Catherine sentit une certaine gêne la parcourir et réalisa qu'elle aurait pu être surprise par Thibault ou JB dans la cave. Même si elle ne faisait rien de mal, dans le fond, ces petits moments intimes, entre elle et ses souvenirs, entre elle et Alex, devaient rester son jardin secret, sa bouffée d'oxygène. Elle avait droit, après tout, à un peu de liberté elle aussi.

Désormais elle projetait de mieux ranger le carton dans la cave, et de ne l'ouvrir que lorsqu'elle serait complètement seule dans la maison. Il renfermait tant d'autres choses. Des pensées intimes et peut-être aussi des secrets. Certains avouables, d'autres non.

6. Les hommes de sa vie

Catherine consacra une bonne partie de la journée à ranger, nettoyer, dépoussiérer sa maison. Sa femme de ménage était en repos cette semaine.

Elle prit le temps de partager un café avec Vanessa pour aborder son projet entrepreneurial. Tout feu tout flamme, sa voisine était tellement emballée qu'elle avait déjà procédé à l'immatriculation de sa société et créé son site internet. Elle avait besoin de Catherine pour concevoir des modèles de contrats et obtenir son avis sur les services qu'elle proposerait. Toutes deux avaient prévu de se voir tous les jours après le déjeuner pour travailler le plan de développement. Catherine était flattée d'être ainsi considérée, elle qui n'avait jamais travaillé auparavant. Elle prenait de plus en plus goût à ces petites réunions d'affaires placées sous le signe de la simplicité et de la bienveillance.

Malgré cet enthousiasme, l'image du reportage télévisé de l'autre soir chez Vanessa et Bruno ne quittait pas son esprit. Ses tentatives pour se changer les idées étaient vaines; musique, lecture, ménage, promenade, courses, rien à faire : le visage et l'expression de cet homme la suivaient sans cesse, jour et nuit.

Le temps était venu d'en avoir le cœur net : qui était-il, lui qui ressemblait tant à Alex ? Un frère ? Une personne de sa famille ? Et si c'était lui ? Comment serait-il possible qu'il soit en vie ? Les hypothèses les plus irréalistes et l'incompréhension encombraient ses pensées à un point difficilement soutenable.

Elle se souvenait de la chaîne sur laquelle était diffusé le reportage. Elle avait le jour et l'heure. De retour chez elle, installée dans le bureau, face à son écran d'ordinateur, elle espérait trouver une rediffusion.

Le soleil qui déclinait annonçait le début de la soirée. Thibault n'allait pas tarder, tout comme JB. Catherine avait gardé en mémoire l'épisode de la cave et ne voulait surtout pas être dérangée, et encore moins surprise. Avant de commencer, elle avait donc pris la précaution de verrouiller la porte d'entrée et de laisser ses clés dans la serrure. Le premier arrivé serait obligé de sonner.

La sonnette retentit peu après qu'elle avait retrouvé le reportage. Elle recopia le lien internet et se l'expédia sur son adresse e-mail afin de le conserver, avant d'éteindre l'ordinateur. La sonnette se fit entendre de nouveau, puis encore une troisième fois. Elle se dirigea vers la porte. Thibault entra précipitamment sans même la regarder, JB était juste derrière lui.

– Mais qu'est-ce que tu fous avec la porte ? C'est nouveau, ça ! dit JB en regardant les clés dans la serrure.

Catherine demeura silencieuse dans un premier temps puis suivit du regard Thibault, visiblement énervé, qui venait de jeter son sac sur la table avec fracas.

– Qu'est-ce qui se passe ?

– Ce qui se passe ? Demande à ton fils, il va t'expliquer !

Elle se tourna vers Thibault, qui rompit le silence devant le regard dépité de sa mère.

– Je n'ai plus d'entreprise pour mon alternance. Je veux arrêter le BTS. Voilà...

– Il est hors de question que tu arrêtes ta formation maintenant. Hors de question tu m'entends ? Aussi longtemps que tu seras à notre charge ! rétorqua JB.

– Très bien, dans ce cas je peux aussi quitter la maison, et je ne serai plus à votre charge. De toute façon j'étouffe ici.

— Thibault, non ! cria Catherine. S'il te plaît, pas ça... Viens avec moi, on va se poser et parler de tout cela tranquillement.

L'ambiance électrique mit un certain temps à s'apaiser. JB, furieux, enchaînait les reproches vis-à-vis de Thibault : réduit à poursuivre un simple BTS à cause d'un dossier insuffisant pour intégrer une classe préparatoire, jamais bon nulle part, aucune ambition professionnelle, aucun but dans la vie. Catherine ne put placer un mot face à ce déballage et avait mal pour son fils. Elle s'approcha de lui et posa sa main sur son épaule affectueusement. L'agacement de JB s'en trouvait attisé.

— Regardez-vous tous les deux. De vrais assistés. Je vais t'en trouver une alternance, moi, tu vas voir... Quand on cherche, on trouve !

JB se dirigea vers son épouse après avoir passé l'index sur le bord de la bibliothèque pour vérifier l'absence de poussière.

— Et toi, qu'est-ce que tu as fait de ta journée ? Ç'a été ? Pas trop débordée ? Pfff...

Catherine resta muette puis s'adressa à Thibault.

— Ton père est fatigué de sa journée, mon chéri. On va t'aider à trouver une entreprise, d'accord ? Il faut que tu tiennes bon et que tu réussisses ton BTS, on compte sur toi.

Thibault ne voulait pas décevoir sa mère et acquiesça avant de monter dans sa chambre. JB avala d'une traite un verre de son meilleur whisky et s'affala dans le canapé, pendant que Catherine préparait le repas. La colère laissa peu à peu place au calme. JB tendit son bras, tenant dans sa main le verre vide. Catherine le saisit et le remplit de nouveau du même whisky, avec quelques glaçons.

— Qu'est-ce que tu me prépares ? Ça sent bon !

Catherine sourit. Elle savait comment apaiser son mari

quand il revenait du travail stressé et tendu.

– Omelette aux cèpes, copeaux de parmesan.

– J'en étais sûr... Je crois que j'ai la meilleure femme du monde !

– Ce n'est pas ce que tu insinuais tout à l'heure...

JB s'excusa pour son comportement excessif et incontrôlé. Catherine ne lui en voulait pas. Elle comprenait parfaitement que ses journées puissent être parfois compliquées, stressantes, harassantes. Et surtout, elle était préoccupée par d'autres choses bien plus excitantes : elle allait bientôt pouvoir revisionner la vidéo et clarifier le mystère de l'homme du reportage.

Avant de se coucher, elle s'enferma dans la salle de bain, le téléphone dans la poche, et regarda ladite vidéo depuis sa messagerie. L'écran était petit mais cela suffisait. Elle coupa le son de son téléphone. Avant d'appuyer sur le bouton pour démarrer la vidéo, elle prit une profonde inspiration. Elle sentait les battements de son cœur jusque dans sa tête, et ses mains devenaient moites. Vers la moitié du reportage, l'image de l'homme barbu, grisonnant, qui ressemblait à s'y méprendre à Alex, réapparut. Catherine eut l'impression de revivre la scène du gala, vingt ans plus tôt. Un frisson glacial la parcourut au point d'en avoir presque le souffle coupé. Elle prit sa tête entre ses mains. Ce n'était pas possible. Et pourtant.

Cet homme ne pouvait être que lui. Ce regard qui fixait la caméra du reporter semblait la regarder elle, droit dans les yeux. Elle l'aurait reconnu parmi des milliers. Aucun doute, Alex était bel et bien vivant.

Elle captura l'image de l'écran pour la stocker avec les photos de son téléphone.

Face à l'impossible, les questions se bousculaient dans sa tête : était-il dans l'avion qui s'est crashé ? Y aurait-il eu des survivants ? Pourquoi n'aurait-il pas transmis un message pour l'informer qu'il était en vie, même s'ils s'étaient quittés ? Serait-il devenu amnésique après le choc ? Que faisait-il désormais en Amazonie ?

Au lieu d'émettre des hypothèses sans fondement concret, Catherine envisageait de mener sa propre enquête pour retrouver sa trace. Ce qui aurait été quasiment irréalisable à l'époque devenait désormais possible, grâce à internet.

7. La quête

Dans le reportage, le nom d'Alex n'apparaissait pas. Il n'était qu'un manifestant parmi les autres. Pas de nom d'association non plus. Catherine allait devoir chercher autrement, à partir des maigres informations dont elle disposait : son nom, son prénom, l'association qu'il représentait avant de quitter la France il y a plus de vingt ans, sa présence en Amazonie, du côté du Brésil, son engagement pour lutter contre la déforestation.

Les recherches sur internet s'annonçaient plus fastidieuses qu'elle ne le pensait, mais elle était déterminée. Elle emploierait tous les moyens possibles pour parvenir à ses fins.

Méthodique, elle commença tout simplement par saisir son nom -Denis- et son prénom sur les moteurs de recherche. Elle sentait ses mains trembler à chaque fois qu'elle appuyait sur la touche *Entrée* du clavier. Alex portait un nom qui pouvait aussi être un prénom, ce qui rendit ses premières tentatives infructueuses. Rien de concluant non plus du côté de l'association de l'époque du gala. Sur les réseaux sociaux, elle trouvait pléthore d'Alex Denis ou de Denis Alex, en France ou ailleurs, sur des pages et des pages, mais aucun profil ni aucune photo ne ressemblaient de près ou de loin au seul Alex recherché.

Elle réfléchit un instant : elle pourrait retrouver un contact de l'association qu'il représentait à l'époque. Ou encore contacter le président du Rotaract présent au gala, dont elle se souvenait du nom. Ou même poursuivre les recherches en ajoutant dans les mots-clés des sujets en lien avec l'Amazonie, le climat, l'écologie.

Concentrée, tenace, elle ne quittait pas l'écran et cherchait, cherchait encore, même pendant l'heure du déjeuner. Elle s'aperçut qu'elle avait sauté le repas lorsque sa voisine Vanessa lui transmit un SMS pour lui proposer un café chez elle pour avancer sur son projet d'entreprise.

Elle eut l'impression de sortir d'un rêve éveillé, comme une histoire parallèle à sa vie réelle, dont elle ignorait complètement l'issue. Une histoire parallèle qui pourrait interagir avec sa vie réelle, et peut-être même la faire vaciller.

Durant ses recherches acharnées, elle n'avait retenu qu'une seule piste, peu convaincante : un certain Alex Dennis -avec deux “n”-, enseignant chercheur en climatologie, spécialisé dans les conséquences de la déforestation sur la biodiversité. Aucune photo, aucun élément biographique, aucune trace de ses études antérieures. Juste une date, celle de la soutenance de la thèse, qui laissait supposer une reprise d'études tardive pour préparer un doctorat en sciences du climat et de l'environnement.

— Tu as l'air ailleurs, aujourd'hui, Catherine... On peut remettre ça à demain, si tu veux ? demanda Vanessa.

— Non, non, ne t'inquiète pas. Tout va bien.

— Ah, tant mieux. Moi, je suis un peu fatiguée en ce moment, avec les enfants et tout le reste. Et aussi, Bruno est stressé quand il rentre le soir...

— À cause du travail ?

— Je pense, oui. Je le trouve à fleur de peau, mais je n'ose pas trop lui en parler. Quand il rentre, il veut se changer les idées et je le comprends. Toi, tu as de la chance, JB a l'air toujours posé, d'humeur égale...

Catherine ne dit rien mais sembla approuver. Pour Vanessa, tout était quasiment bouclé concernant sa société, il ne restait plus qu'à prospecter les premiers clients pour tester le modèle économique. JB lui avait promis de distribuer des dépliants auprès de ses collègues de travail pour lui faire un peu de publicité.

— C'est un vrai bonheur de vous avoir comme voisins. Je ne sais vraiment pas comment vous remercier...

— Pas besoin de nous remercier. Si tu savais le bien que cela me fait de participer à ton projet ! Je me sens utile comme jamais.

— Tiens, justement, Catherine, on peut faire un selfie pour mes réseaux ?

Vanessa avait déjà créé sa page entreprise sur les réseaux sociaux. Sa voisine était quant à elle très peu active sur ces mêmes réseaux, mais accepta sa demande de contact sur Facebook et sur Instagram. Pas sur Linkedin, réseau professionnel qui ne la concernait pas puisqu'elle ne travaillait pas.

Leur entrevue dura plus longtemps que de coutume et Catherine ne sentit pas les heures défiler. Elle eut un moment de panique lorsque quelqu'un sonna à la porte et qu'elle reconnut la voix de JB qui disait la chercher, puisqu'elle n'était pas chez elle. Elle prit ses vêtements en quatrième vitesse pour vite le rejoindre.

— J'allais partir, lança-t-elle à son mari devant le regard étonné de Vanessa, qui leur proposa un verre avant de rentrer.

Catherine se sentait mal à l'aise, car elle n'avait absolument rien préparé pour le dîner, ni même pensé à compléter les provisions pour le repas. Un apéritif improvisé allait lui faire perdre encore davantage de temps. Elle regarda sa montre.

— Toi, au moins, tu es de bonne humeur quand tu rentres du travail ! remarqua Vanessa en s'adressant à JB.

— Oh, tu sais ça dépend des jours... Mais aujourd'hui la

journée a été plutôt positive. Catherine, tu as vu, ils ouvrent la station pour le pont du 11 novembre ?

— Il a tant neigé que cela ?

— Il semblerait. Vanessa, que dirais-tu de venir avec ton mari et tes enfants passer le week-end avec nous à la montagne ?

— Vous êtes adorables, mais je suis un peu gênée de tout ce que vous faites...

JB insista tant que Vanessa ne put décliner une telle proposition. L'ouverture de la station de Saint-Lary-Soulan, dans les Pyrénées, était précoce et bienvenue.

Catherine prétexta une course de dernière minute pour s'éclipser. Il était déjà presque dix-neuf heures et JB n'aimait pas attendre pour le dîner. Elle dressa la table rapidement, servit un verre de vin rouge pour son mari, présenta quelques morceaux de chiffonnade de jambon de pays dans un plat, pour qu'il y ait au moins cela sur la table s'il venait à arriver rapidement. Puis elle scruta l'intérieur du réfrigérateur, dans l'espoir de trouver une idée de repas facile et ultra-rapide à préparer. Son déjeuner manqué du jour lui sauva la mise : elle prévoyait toujours deux portions pour son repas du midi, de manière à gagner du temps un jour sur deux. Il lui suffisait de le réchauffer et de l'agrémenter de quelques légumes afin d'obtenir trois portions.

Un malaise intérieur la parcourut lorsque JB rentra de chez Vanessa, beaucoup moins jovial que quelques minutes plus tôt. Elle redoutait les élans d'humeur de son mari. La soirée fut finalement paisible : JB, grâce à ses relations, avait trouvé une entreprise qui pouvait permettre à Thibault de poursuivre son BTS en alternance. Catherine s'égara un instant à observer son fils. Celui qui, à ses yeux, était toujours son bébé, était bel et bien devenu un homme.

Un homme qui ne tarderait pas à prendre son envol.

Fatiguée, elle prétexta une migraine pour se coucher très tôt. Elle devait réfléchir à la suite des opérations pour rechercher Alex, mais un sommeil profond engloutit rapidement et à son insu tous ses sentiments mal enfouis, ses émotions inattendues, associés à un irrépressible besoin d'évasion.

8. Au chalet

JB était au volant, radieux. Retrouver l'ambiance montagnarde dès les premières neiges l'enthousiasmait et le comblait de joie. Sur la route des Pyrénées, il s'amusait à repérer le moment précis à partir duquel les cimes pouvaient être aperçues. Par beau temps, il était possible de les deviner peu après Mont-de-Marsan. Son petit jeu, comme un défi, l'incitait à tenter de les voir encore plus tôt, en guettant l'horizon dès la frontière entre la Gironde et les Landes. Les nuages blancs au loin ne pouvaient l'induire en erreur : JB connaissait le relief pyrénéen par cœur. Le pic du Midi d'Ossau et le pic du Midi de Bigorre étaient ses repères, comme l'auraient été la Grande et la Petite Ourse pour un observateur de ciel étoilé.

Thibault avait lui aussi retrouvé le sourire. Le problème de l'alternance pour poursuivre son BTS était résolu. Bien que toujours aussi peu motivé par sa formation, sa principale source de stress et de conflit avec ses parents s'était volatilisée. Il pouvait désormais continuer son année jusqu'à l'examen final, et de surcroît gagner un peu d'argent, grâce au contrat d'apprentissage que JB lui avait déniché.

Catherine, quant à elle, se réjouissait de ce week-end qui s'annonçait détendu grâce à la présence de Vanessa, Bruno et leurs enfants. Elle réalisa qu'elle serait épargnée de messe et de déjeuner chez sa mère. Un instant elle culpabilisa de la joie que cela lui procurait.

Pendant que JB conduisait, elle se rappelait les derniers jours qui venaient de s'écouler. L'église, le chant "Amazing

Grace", comme un signe annonciateur d'une improbable évidence. L'apéritif chez Vanessa et le visage sur l'écran de télévision. L'inenvisageable réalité sur Alex, bel et bien vivant. Les recherches infructueuses dans un premier temps. Puis l'espoir. Une bouteille à la mer. L'envie d'y croire.

L'espoir vint lorsqu'elle s'évertua à affiner ses recherches sur le profil d'un Alex Dennis -avec deux *n* et non un seul-, initialement sans grande conviction à cause de l'orthographe de son nom de famille. L'homme, enseignant chercheur en climatologie, avait soutenu sa thèse une bonne dizaine d'années en arrière. Elle établit un lien avec les idées que "son" Alex défendait à l'époque, qui lui avaient valu l'aversion de sa mère et sa farouche opposition à cette relation : engagé dans l'humanitaire, il condamnait déjà sévèrement la responsabilité des pays riches dans l'appauvrissement et les conditions de vie d'autres populations moins chanceuses, tout comme la mondialisation, la société de consommation, et l'impact des excès du monde occidental sur les ressources planétaires. Une orientation vers le climat et l'écologie n'était donc pas illogique.

Catherine réussit à obtenir le contact du directeur de thèse de "cet" Alex, qui intervenait à l'université de Paris dans la filière Science du Climat et de l'Environnement. Elle lui transmit un e-mail.

Monsieur,

Je suis Catherine Robillard, née Duranteau. Je suis à la recherche d'Alex Dennis, que j'ai connu lorsqu'il était engagé dans des missions humanitaires, il y a une vingtaine d'années. J'ai appris qu'il avait soutenu une thèse dont vous avez assuré la direction, il y a dix ans. Je me tourne vers vous afin d'obtenir, si cela vous est possible, son contact.

Je vous remercie infiniment pour l'attention portée à ma

requête et vous prie de recevoir, Monsieur, mes sincères salutations.

Catherine venait de lancer une bouteille à la mer. La réponse du directeur de thèse lui parvint dans les jours qui suivirent. La notification de la réception du message lui fit l'effet d'une porte qui s'ouvre vers l'inconnu, avec une sensation de vertige qui lui glaça le sang. Elle n'osa pas cliquer immédiatement pour lire son contenu. Entre doute et excitation, elle craignait de s'être trompée d'Alex, car à ce stade, rien ne prouvait qu'il s'agissait du bon. Il lui faudrait alors reprendre toutes les recherches à leur point de départ. Son intuition prenait tout de même le dessus. Beaucoup d'éléments pouvaient correspondre. Elle avait tant besoin d'y croire.

Madame,
Pour des raisons de confidentialité, je ne suis pas en mesure de vous communiquer les informations de contact de Monsieur Dennis. Je vais néanmoins vous formuler la proposition suivante : je peux lui transmettre votre précédent e-mail, à lui ensuite de décider s'il souhaite vous répondre. Il vous faudra probablement être patiente car il doit être actuellement en déplacement à l'étranger. Si cette possibilité vous convient, merci de me le faire savoir. Soyez certaine que je transférerai aussitôt votre message.
Je vous prie de recevoir, Madame, mes salutations distinguées.

Catherine s'empressa de saisir la main tendue. Désormais, les dés étaient jetés. Il ne restait plus qu'à espérer. Que "cet" Alex soit le bon, qu'il réponde. Espérer, et attendre.

Dans la voiture, pendant que son mari conduisait, elle prit la précaution de désactiver les notifications relatives à la réception d'e-mails.

Les Pyrénées s'étendaient sur toute la ligne d'horizon. Le bleu du ciel tranchait sublimement avec le blanc de la neige. Quelques kilomètres encore restaient à parcourir avant de quitter l'autoroute pour rejoindre le village de Saint-Lary, au cœur d'une vallée d'Aure blanchie à basse altitude. La route s'annonçait critique pour atteindre le Pla d'Adet, où se trouvait le chalet, et la météo annonçait de nouvelles fortes chutes de neige durant la nuit. JB décida de garer la voiture au village, dans la vallée, puis de monter avec les télécabines. Catherine appela Vanessa et Bruno pour leur suggérer d'en faire autant.

L'odeur du renfermé se mêlait à celle du bois. Ouvrir les fenêtres allait permettre à l'air de circuler dans le vieux chalet. Catherine s'occupait déjà du repas, Thibault des chambres et des lits, JB de la cheminée. Encombré de bibelots et de choses probablement inutiles, avec une décoration d'un autre temps, "dans son jus" comme disent les agents immobiliers, l'endroit était néanmoins chaleureux, accueillant et confortable. Les skis en bois accrochés au mur, les boules à neige, les cadres photos et les meubles anciens formaient un ensemble harmonieux. Le feu crépitait dans la cheminée et avait bien réchauffé l'atmosphère.

Vanessa et Bruno furent séduits par le charme du lieu, bien qu'il fût aux antipodes de leurs goûts et pratiques en matière de décoration. Ils découvrirent des espaces alambiqués, dépareillés, au point d'en perdre le sens de l'orientation, avec des portes qui s'ouvraient sur des pièces insoupçonnées, de la chambre d'enfant aux allures de cocon au cagibi servant de casier à skis. Une immense terrasse entourait le chalet et offrait une vue unique sur la vallée et le massif. Vanessa se souvint de sa conversation avec Catherine au sujet de son entreprise de gestion de locations de vacances ; il était évident que le chalet n'entrait pas dans ses critères de sélection et n'était absolument pas adapté à la location saisonnière. La clientèle attendait des environnements beaucoup plus modernes, voire aseptisés, au point que tous les logements publiés sur les plateformes de réservation en ligne se ressemblaient.

Les enfants s'empressèrent d'emporter les luges avec eux pour profiter de la neige fraîche avant la nuit. JB resta à l'intérieur pour surveiller le feu. Catherine observait cette belle famille. Elle se rappelait avec nostalgie l'enfance de Thibault, son fils adoré devenu homme qui se tenait à côté d'elle, peut-être plus pour très longtemps. À la tombée du jour, le ciel prenait des teintes rose-orangé, qui laissaient présager un changement de temps durant la nuit. Le moment était venu de rentrer au chaud.

À l'intérieur, les lumières tamisées, les murs en lambris, l'odeur et la chaleur diffusées par la cheminée, changeaient l'aspect vieillot du chalet pour lui donner des airs de cabane au Canada. Lorsqu'elle franchit le seuil de la porte, Catherine s'imprégna du contraste entre le froid piquant de l'extérieur et la douce atmosphère de cet endroit qu'elle aimait tant. Elle retira ses bottes de neige restées chaudes à l'intérieur mais glacées et humides sur leur surface, pour chausser ses charentaises molletonnées. Avant de présenter la charcuterie dans les plats et de couper le fromage à raclette, son instinct la guida vers la fenêtre du salon, dont elle avait volontairement omis de fermer les volets. Elle ne s'était pas trompée : il neigeait à plein temps. Les flocons ressemblaient à des petits morceaux de coton qui volaient avant de se poser tout doucement sur le sol.

La beauté absolue de cet instant fut troublée par la voix de JB, qui se trouvait dans la chambre attenante au salon. Catherine s'approcha et tendit l'oreille. Il devait être au téléphone. La conversation paraissait plutôt houleuse. Elle entrouvrit délicatement la porte après avoir frappé, puis lui signifia par l'expression de son regard qu'il parlait un peu trop fort. Il baissa aussitôt le volume de sa voix et raccrocha peu après.

— Le travail ?

— Évidemment, quoi d'autre à ton avis ?

— Je te trouve plus tendu que d'habitude, tu as des ennuis ?

— Des ennuis... Je suis le bras droit du DG d'une entreprise qui emploie plusieurs centaines de personnes. Comment te dire... Des ennuis, j'en ai forcément !

— Tu me le dirais, s'il y avait quelque chose d'important ?

JB ne répondit pas. Il soupira et haussa les épaules.

— Bon allez, viens te détendre avec nous, on va passer à table.

Vanessa échangea longuement avec JB, qui s'intéressait à l'activité de sa jeune entreprise. Il lui proposa de la mettre en relation avec des personnes de son réseau, propriétaires de résidences secondaires sur le bassin d'Arcachon. Ils pourraient lui confier la mise en location saisonnière de leur bien et ainsi devenir ses premiers clients.

— Merci vraiment, JB, pour tout ce que tu fais.

— C'est normal, si entre voisins on ne peut pas s'entraider... En tout cas bravo pour ta démarche de création d'entreprise.

— Il n'y a plus qu'à espérer le succès maintenant, compléta Bruno.

Vanessa le regarda un court instant de manière dubitative, avec l'étrange impression que son mari doutait de sa réussite. Catherine débarrassa les assiettes pour apporter le dessert. En chemin, elle observa derrière le rideau de la fenêtre la neige qui tombait de plus en plus fort. Cette intensité contrastait avec la douceur de l'atterrissage du flocon sur le sol, qui semblait disparaître pour se confondre avec l'épais manteau blanc immaculé qui avait tout recouvert. Ce spectacle la fascinait.

9. Le silence de la neige

L'altitude et la fatigue accumulée de la semaine contribua à raccourcir la veillée. À peine couchée, Catherine fut gagnée par un profond sommeil, jusqu'au milieu de la nuit. Elle se réveilla soudainement vers trois heures du matin, avec l'impression d'avoir terminé son cycle de sommeil. Elle tourna, se retourna plusieurs fois dans le lit, dans l'impossibilité de se rendormir. Elle se leva doucement, enfila ses charentaises et se servit un verre d'eau avant de se diriger vers la fenêtre aux volets restés ouverts. Le décor était majestueux. La lune éclairait les cimes des sapins enneigés et le blanc immaculé des montagnes, à perte de vue. En pyjama, elle chaussa ses bottes de neige, se couvrit de sa chaude doudoune et sortit.

Dehors, elle ne fut pas saisie par le froid. Il faisait presque doux. Elle se souvenait de son enfance, de ses vacances à la montagne avec ses parents, à l'époque des jours heureux. Curieuse et rêveuse, elle avait dès son plus jeune âge observé quelque chose d'étrange et de magique dans la neige. Quelque chose qui ne pouvait pas être perçu par tout le monde; il fallait pour cela une vraie sensibilité, un peu d'imagination associée à un sens fin et aiguisé de l'observation. En respirant profondément l'air pur, elle prétendait être en mesure de prédire l'arrivée de la neige; elle trouvait que l'ambiance qui précédait les chutes de neige dégageait une odeur. L'atmosphère avait une odeur. Indéfinissable et indescriptible pour un élément normalement inodore. Aussi, elle avait remarqué un curieux paradoxe dans les sensations : un froid à la fois sec et doux, qui au début pique les yeux et le nez, mais auquel on s'habitue aisément.

La veille, lorsque les enfants de Bruno et Vanessa faisaient de la luge, elle avait reconnu cette odeur singulière, associée à ce froid piquant et doux à la fois. Elle avait senti l'arrivée de la neige. Cela lui avait procuré une espèce de jubilation, de joie et de bien-être inexpliqués, comme si elle était revenue en enfance.

Elle avançait doucement sur la terrasse du chalet, pour ne pas abîmer ce décor éphémère. Elle essayait de se faire légère pour ne pas trop s'enfoncer dans la poudreuse. Sous ses pieds, elle sentait le doux craquement de la neige qui se tasse, tout en restant souple et malléable. Le ciel était parfaitement dégagé, rempli d'étoiles et éclairé par la lune, pleine, qui rendait le décor presque irréel. Aucun bruit ne venait perturber la scène. La neige étouffait les sons parasites, adoucissait les contours des maisons, arrondissait les cimes des sapins. Le silence était absolu.

Elle se dirigeait vers la rambarde, pour savourer ce moment de communion avec la nature. Comme une main qui la frôlerait sans la toucher vraiment, en douceur, un léger vent caressa son visage. Elle ferma les yeux et inspira intensément pour remplir ses poumons de cet air frais et pur. Elle bloqua un instant sa respiration, puis expira lentement en ouvrant les yeux. Au même moment, un vent plus fort balaya la terrasse et souleva la neige qui volait, avant de retomber sur le sol. Il sembla l'atteindre à travers ses vêtements, où l'air froid se faufila dans les manches de sa doudoune, dans les jambes de son pyjama, pour parcourir tout son corps. À son contact, tels une étreinte, les frémissements qui la traversaient réveillaient en elle des sensations finalement pas complètement oubliées.

Dans le chalet, tout le monde dormait. Rien n'avait bougé depuis son escapade nocturne qui lui semblait hors du temps. Comme l'histoire parallèle de sa quête entamée pour retrouver Alex. Lorsqu'elle reprit le chemin de sa chambre, elle se glissa sous les draps délicatement. Elle s'approcha de JB pour profiter de sa chaleur. Son corps lui signifiait son envie de se blottir contre lui, mais son cœur la retenait. Elle resta à distance, juste assez près pour bénéficier des draps qui avaient absorbé la température de son corps. Ses pieds encore froids tiédirent rapidement et son sommeil la rattrapa sans même qu'elle ne s'en aperçoive.

Lorsqu'elle se leva, les enfants de Bruno et Vanessa étaient déjà dehors et jouaient dans la neige. Toujours dans ses rêveries, elle constatait à quel point le décor immaculé était éphémère. Les traces de pas avaient déjà bien abîmé la neige. Elle se disait que sa sortie secrète de la nuit lui avait offert de profiter de la magie avant qu'elle ne s'échappe.

Le soleil généreux permit à chacun de profiter de l'ouverture de la station dans des conditions idéales. JB proposa à Vanessa et Bruno de garder les enfants pour les laisser skier ensemble, avec Catherine et Thibault. Le couple fut agréablement surpris par la qualité du domaine skiable.

— Cette station est une vraie découverte, grâce à vous. Nous n'étions jamais venus dans les Pyrénées avant, dit Bruno.

— Moi aussi, j'aime bien, ajouta Catherine. Très familial et moins cher que les Alpes.

— Il y a juste le problème de l'enneigement, intervint Thibault.

— Oui, mais avec les canons à neige ils savent bien gérer, non ? interrogea Vanessa.

— Ils gèrent, mais avec le réchauffement climatique rien n'est acquis sur le long terme. Et les canons sont écologiquement un problème... répondit Thibault.

Catherine, surprise de cette intervention de son fils qui aimait par-dessus tout les vacances à la montagne, approuva.

Bruno suggéra à son épouse de revenir pour les vacances de février, si les finances le leur permettaient. Catherine comprit que leur situation était tendue. Bruno peinait à dissimuler ses craintes quant à son avenir dans son emploi et Vanessa avait utilisé ses droits au chômage pour créer son entreprise, qui n'était absolument pas rentable.

— Je vais rejoindre JB en bas, on va se relayer. À tout à l'heure, dit Catherine.

— Mais non, c'est à moi d'y aller, répondit Vanessa. Je vais m'occuper des enfants… JB et toi avez le droit de profiter un peu ensemble, aussi.

Vanessa laissa Catherine sur place et dévala la pente à toute vitesse. En bas, les enfants avaient fait un bonhomme de neige. Lorsqu'elle les rejoignit, JB venait de raccrocher au téléphone et semblait préoccupé. Peu emballé par l'idée de skier, il prétexta une petite forme pour lui faire part de son manque de motivation.

— Tu sais, j'ai passé la cinquantaine…

— Allez, vas-y, ça va te faire du bien ! La neige est excellente.

Le soir, devant le feu de cheminée, pendant que Vanessa retouchait ses photos du jour pour les partager sur les réseaux sociaux, JB amena un sujet de conversation inattendu de prime abord par ses voisins.

— Je crois que je vais prendre un coach, est-ce que cela vous intéresse d'en profiter avec moi ?

Tous se regardèrent, interrogatifs. Bruno réagit en premier.

— Un coach ? Mais pourquoi faire ?

— Un coach sportif avec un accompagnement en nutrition. On m'a recommandé quelqu'un.

— Mais tu n'as pas besoin de cela ! embraya Vanessa.

— Tu es gentille de me dire ça, mais je peux te garantir que j'en ai besoin, répondit JB en se touchant le ventre bedonnant. La cinquantaine est bien là… Je l'ai bien senti, sur les skis, cet après-midi. Bref, si vous êtes intéressés, tenez-moi au courant.

Catherine était aussi étonnée que ses voisins de cette initiative que JB n'avait jamais évoquée auparavant. Elle se leva pour mettre le couvert avant de proposer de passer à table. Dans la cuisine, où la qualité de la connexion internet était meilleure que dans toutes les autres pièces, elle profita d'être seule quelques minutes pour consulter ses e-mails. Elle supprima tous ceux qui encombraient sa boîte de réception. Dans la rapidité de son geste, elle cocha un peu trop vite un message, avant de se raviser quand le nom de l'émetteur attira son attention : Alex Dennis. Elle ne rêvait pas. Alex Dennis venait de lui écrire. Le message avait été envoyé dans la nuit passée, vers trois heures du matin. À l'heure où elle s'était soudainement réveillée pour prendre l'air dehors. Elle eut envie de croire que ce n'était pas un hasard, avant de penser que c'était absurde. Sa respiration s'accélérait, ses mains devenaient moites.

Vanessa la fit sursauter lorsqu'elle la rejoignit dans la cuisine.

— Tout va bien ?

— Oui, oui, tu m'as juste un peu surprise.

— Ton mari est vraiment adorable, tu en as de la chance ! Figure-toi qu'il nous a proposé de nous prêter le chalet pour les vacances de février…

— Il a raison, si nous n'y sommes pas, autant que quelqu'un en profite.

Vanessa était tout de même gênée d'autant de générosité et commençait à se sentir redevable.

Catherine, quant à elle, tentait de masquer et de gérer

son excitation et son impatience poussées à l'extrême. Elle devait trouver un stratagème pour pouvoir lire le message à l'abri des regards dans le seul endroit où la connexion le permettait.

Cela pourrait être en début de nuit, quand tout le monde serait couché. Elle serait aussi discrète que la veille, quand elle s'était levée au milieu de la nuit. Elle attendrait les premiers ronflements de JB -indicateur fiable de son sommeil profond-, quitterait doucement le lit, puis se servirait un verre pour justifier si besoin sa présence dans la cuisine. Elle utiliserait la lumière de son téléphone pour ne réveiller personne et pouvoir expliquer -sait-on jamais- la raison pour laquelle elle l'avait dans sa main. Elle écrirait un brouillon de son message dans les notes de son téléphone, car il lui fallait réfléchir avant d'envoyer sa réponse. Et d'ailleurs, pour le brouillon, nul besoin de connexion. Elle commencerait à le rédiger dans la salle de bain ou dans les toilettes. Elle pourrait ensuite le copier, le coller puis cliquer sur le bouton d'envoi une fois dans la cuisine. Elle aurait l'impression, avec des palpitations dans le cœur, de lancer une nouvelle bouteille à la mer. En cas de réponse rapide, elle prétexterait une grande fatigue pour ne pas aller skier le lendemain ; elle pourrait garder les enfants et cela arrangerait tout le monde. Son instinct lui recommanderait de commencer à se cacher. Le vertige commencerait à la gagner. Elle pénétrerait dans une espèce de clandestinité. L'histoire parallèle pourrait alors se mêler, pour de bon, à sa vraie histoire.

10. L'histoire parallèle (I)

Catherine,

Est-ce bien toi ? Ton adresse e-mail m'interroge. Tu as dû te marier. Si tu es celle à qui je pense, je t'ai connue sous le nom de Duranteau. C'était il y a vingt-et-un ans, au gala du Rotaract. S'il te plaît, dis-moi si tu es bien cette personne, que je ne me trompe pas. Alex.

Alex,

Merci d'avoir répondu à mon appel. J'ai du mal à réaliser que c'est bien toi, que tu es en vie. Non, tu ne t'es pas trompé. Je suis bien Catherine Duranteau. Tu dois trouver ça bizarre. Il faut que je t'explique : je t'ai reconnu dans un reportage télévisé, il y a quelques semaines. Je me suis résolue à essayer de comprendre. Je te croyais mort dans un accident d'avion. D'ailleurs je ne comprends toujours pas. J'avais pourtant saisi que tous les membres de ton association étaient dans cet avion. J'ai même gardé un article de presse sur le crash. Comment est-ce possible ? J'ai tellement de questions sans réponse... À bientôt, Catherine.

Catherine,

Je ne sais par où commencer... J'aurais tant de choses à te dire. Tellement de questions, aussi. Vingt-et-un ans. C'était hier et si loin pourtant. Je t'avais écrit plusieurs lettres, à l'époque. À te lire, je réalise que, peut-être, tu ne les aurais pas reçues ? Sans réponse de ta part, j'ai abandonné. Et vingt-et-un ans après, c'est toi qui réapparais.

L'avion dont tu parles, je ne suis jamais monté dedans. Tout simplement parce que je l'ai raté. Un cumul de circonstances :

un premier taxi qui ne vient pas, le second qui essaie de combler le retard, qui roule trop vite, évite un camion en doublant, perd le contrôle, percute un muret. Je ne suis jamais arrivé à l'aéroport. J'étais à l'hôpital avec des douleurs aux cervicales et des côtes fêlées. Mes collègues, eux, ne l'ont pas raté, ce maudit avion. Ils sont tous morts dans le crash. Ce fut violent, inacceptable et terriblement injuste. Tant de familles détruites. Et moi, alors que j'étais le seul à ne pas avoir réellement d'attaches, j'étais là, vivant. Ou plutôt survivant. Je t'ai envoyé une lettre, pour te dire que je n'étais pas dans cet avion, car je me doutais que tu entendrais parler de l'accident. Même si nous nous étions séparés, je trouvais normal de te prévenir. Je ne comprends pas : tu ne l'as pas reçue ? Et toutes les lettres suivantes, où je t'explique mes projets associatifs, où je te parle de l'Afrique, où je te dis que je pense à toi, même de si loin, que tu pourrais venir me voir, que tu me manques, que je désespère d'avoir de tes nouvelles, que même si l'on ne se revoyait jamais, tu aurais toujours une place dans mon cœur, ne les as-tu pas reçues ? Aurais-tu changé d'adresse ?

J'attends ta réponse avec impatience. Alex

Alex,

J'ai relu plusieurs fois ton message. Je n'ai pas dormi de la nuit. J'essaie moi aussi de comprendre, en ressassant le passé. Je n'ai jamais reçu aucune lettre venant de toi. Comment est-ce possible ? Y avait-il des tensions entre le pays où tu te trouvais et la France, à l'époque ? Je ne comprends pas. Mais peu importe. L'important, c'est que tu sois là.

Raconte-moi ta vie d'avant, ta vie d'aujourd'hui, ce que tu fais, où tu habites, si tu veux bien. J'ai tellement besoin de savoir, de réaliser que tu es vivant, que tu vas bien, quelque part sur cette Terre. Dis-moi tout, même si c'est long, même si c'est étrange d'être passé comme ça à côté d'une partie de notre vie. Raconte-moi l'autre partie de ta vie. S'il te plaît.

Merci d'être là, merci de m'avoir répondu. J'attends moi aussi ta réponse. J'ai le téléphone dans la main. Je suis à la montagne et rentre demain à Bordeaux. Ne t'inquiète pas si je ne réponds pas rapidement. Catherine

Catherine,

J'ai passé plusieurs années en Afrique. Au Kenya, en Éthiopie, en Somalie et au Soudan. Puis en Asie, en Inde notamment. Je ne suis presque pas retourné en France pendant dix ans environ. J'ai côtoyé de près une misère et une pauvreté qu'il est impossible d'appréhender quand on vit en Occident. Une extraordinaire résilience, aussi. Des hommes, des femmes, des enfants qui gardent le sourire alors qu'ils ne savent même pas s'ils auront quelque chose à manger le lendemain. Des hommes, des femmes et des enfants qui ont perdu leur précaire habitat après une catastrophe naturelle et qui s'entraident pour tenter de reconstruire un abri de fortune. Certaines rencontres m'ont bouleversé. J'ai fini par porter un regard différent sur le monde. J'ai réalisé que toutes les choses que je combattais dans mes actions humanitaires n'étaient que des symptômes, des conséquences. Des conséquences du train de vie des pays riches, qui ne font que creuser le fossé, ou plutôt le gouffre honteusement astronomique entre riches et pauvres, en exploitant ce qui les arrange -matières premières, main d'œuvre surtout-, au détriment du respect de l'humain et de la nature. Je simplifie pour ne pas être trop long, mais le dérèglement climatique impacte directement ces pays, avec des catastrophes sans précédent -bien loin de nos canicules-, de plus en plus violentes et fréquentes. Voilà pourquoi j'ai décidé de lutter non plus contre le symptôme, mais contre une des causes. J'ai repris les études et travaillé longuement sur ma thèse. Je suis maintenant enseignant chercheur en climatologie. Je me trouve en ce moment à Manau, en Amazonie, mais je rentre bientôt à Paris.

Tu sais tout... ou presque ! Et toi, dis-moi ce que tu fais, où tu vis, si tu es heureuse. Dis-moi tout, Catherine. Alex.

Alex,

Je vais être brève car je reprends la route tout à l'heure et je vais devoir boucler les valises. Je rentre d'un week-end prolongé à la montagne. Je serai plus tranquille demain pour t'écrire. Je vis toujours à Bordeaux. Je suis mariée et j'ai un fils, Thibault. Tout va bien pour moi. Je ne travaille pas, j'occupe mes journées à lire, gérer la maison, et depuis peu j'aide ma voisine dans la création de son entreprise. Je suis également bénévole pour une association caritative pour aider les plus démunis. Je comprends ce que tu évoques dans la mission que tu t'es donnée, même si je suis très loin d'imaginer la réalité de ce que tu décris. Nous avons besoin de personnes comme toi pour éveiller les esprits. Félicitations pour ta thèse ! C'est vraiment courageux de se réengager de cette manière dans les études. Et toi, tu ne m'as pas tout dit... Es-tu marié ? Heureux ? Où vis-tu à Paris ? Es-tu souvent en déplacement ? Viens-tu du côté de Bordeaux, de temps en temps ?

Je n'arrive toujours pas à réaliser que c'est à toi que j'écris. Je t'avoue que c'est même particulièrement déroutant. Je dois malheureusement te laisser... À très vite, je t'embrasse, Catherine.

11. La cinquantaine

Le coach rangea ses affaires et sortit son agenda.

— Je vous donne donc rendez-vous tous les mardis soir à 19 heures. Si vous êtes motivés, on part sur une heure par semaine de cardio et de renforcement musculaire.

— C'est parfait ! répondit JB. Et concernant la partie diététique, avez-vous pu établir des préconisations ?

— Pour le régime alimentaire, j'ai soumis votre questionnaire et mes observations à notre diéticienne. Le bilan est positif, vous n'avez pas grand-chose à ajuster : pour éviter le grignotage entre les repas et renforcer votre système immunitaire par la même occasion, je vous laisse ce livret, avec des recettes de jus de fruits ou de légumes à faire soi-même.

— Merci... On va regarder tout ça.

— Je vous recommande le "ginger boost", excellent coupe-faim et plein de vitamines.

JB parcourait le livret que lui avait donné le coach en recherchant la recette de ce fameux jus. Vanessa et Bruno avaient répondu présents à cette première séance d'essai et semblaient conquis par l'initiative. En fin de journée, cela constituait une excellente coupure après le travail.

— Gingembre, citron, kiwi, graines de chia... Vous avez raison, cette recette doit être bonne, répondit JB.

— Oui, les propriétés du gingembre ne sont plus à démontrer et le kiwi adoucit la saveur un peu acide en apportant de la vitamine C. De plus c'est une recette "toutes saisons", on trouve facilement les ingrédients toute l'année.

Catherine intervint pour rappeler à JB les précautions

à prendre avec le kiwi. Le coach lui proposa une autre recette avec des fruits qu'elle pouvait consommer sans aucun problème d'allergie. Il leur recommanda d'en boire un peu chaque jour, plutôt avant la fin d'après-midi pour éviter les insomnies.

— Tenez, je vous laisse en cadeau de bienvenue un shaker chacun. Un noir pour monsieur, un vert pour madame... Pas très original, mais au moins comme cela vous ne vous tromperez pas.

Bruno et Vanessa n'osèrent pas avouer à leurs amis que leur situation financière ne leur permettrait pas de régler ces séances sur la durée. Les choses allaient mal dans la société de Bruno et il pressentait que le licenciement économique approchait à grands pas. Vanessa tentait de le rassurer en lui promettant une rentabilité rapide de son entreprise, ce en quoi son mari croyait peu. Elle travaillait selon lui plus que de raison et pour le moment le chiffre d'affaires couvrait à peine les charges. Pour le couple, le budget alimentaire et les dépenses en vêtements pouvaient être rognés mais la marge était faible. L'heure des choix semblait s'approcher inéluctablement, avec le renoncement aux cours d'œnologie, au tennis, aux vacances aux sports d'hiver et peut-être même aux vacances d'été. Comme si le paraître se plaçait au-dessus de l'être, la seule idée de devoir justifier ce changement de train de vie à son entourage effrayait davantage Bruno que le simple choix en lui-même. Quoi qu'il en soit, en dernier recours seulement il envisagerait de restreindre les dépenses consacrées aux enfants, de l'école privée à la danse et aux cours de surf. Les préserver, les épargner des difficultés à venir et surtout ne pas les leur révéler demeurait son vœu le plus cher.

Thibault, lui, trouvait un peu ridicule que ses parents en soient réduits à payer un coach pour s'imposer une hygiène de vie. Il fit part à sa mère de son ressenti, à l'insu de JB avec qui il préférait éviter toute source de conflit.

– Ce n'est pas avec des jus de fruits et une heure de fitness pendant quelque temps qu'il va rattraper toutes ses années sans sport, tous ses restos, tous ses cocktails avec ses collègues !

– Mais non, ne dis pas cela. Ça va lui faire du bien, et surtout le détendre et lui changer les idées.

– Il se focalise sur des problèmes de riche. Tout dans l'excès, dans la surconsommation. Tout cela est ridicule.

Catherine approuvait intérieurement mais se tut.

JB, enfin, était ravi et fier de son initiative. Il allait enfin se discipliner un peu et espérer retrouver sa ligne d'avant. De plus, cela lui permettait de donner un peu de travail à ce coach, qui n'était autre que le fils de son adjoint au travail. Il ne pourrait que lui en être naturellement reconnaissant. JB promit à sa femme de veiller à toujours utiliser exclusivement le shaker noir pour éviter toute confusion.

– Je vais essayer de réduire un peu les restos avec mes collègues et mes partenaires.

– Tu n'es pas obligé... Le coach t'a dit que dans l'ensemble on avait plutôt de bonnes habitudes alimentaires.

– Arrête, regarde : j'ai pris du ventre. Et toi aussi d'ailleurs. Moi c'est la cinquantaine qui m'a fichu une claque. Et toi, quand tu vas être rattrapée par la ménopause, je te souhaite bon courage.

En vain, Catherine essayait de convaincre son mari sur la normalité de la situation. Elle argumentait sur le fait que tout le monde vieillissait et que rien ne pouvait permettre de retrouver la forme et le corps de ses vingt ans.

– JB, tu sais, je crois qu'on est plus heureux à s'accepter tel que l'on est, plutôt que d'essayer de redevenir ce que l'on n'est plus.

– N'importe quoi. Écoute, toi, fais ce que tu veux. Mais pour moi les choses sont claires. J'arrête les dégâts et je me prends en main !

Catherine arrêta la discussion et se mit à réfléchir au sujet. Elle s'imaginait revoir Alex. Vingt-et-une années s'étaient écoulées depuis leur dernière entrevue. Il avait obligatoirement changé, et elle aussi. Elle fut soudain saisie par le doute. Et s'il la trouvait vieillie ? Et si elle ne lui plaisait plus ? Dans le salon, elle regardait les cadres photos de son mariage avec JB. C'est vrai qu'ils avaient beaucoup changé tous les deux. Surtout lui, c'était son avis à elle. Il avait grossi, elle non, ou pas trop. Elle portait encore certains vêtements achetés plusieurs années auparavant. Il avait les cheveux gris et le haut du crâne dégarni, elle non, grâce aux artifices de la coloration. Il avait le visage marqué, des rides permanentes sur le front et des cernes sous les yeux, elle non ou très légèrement, le maquillage aidant. Il avait le physique et le visage d'un homme de cinquante ans. Elle faisait moins que son âge, beaucoup le lui disaient et elle se rassurait à les croire. Mais si elle se trouvait soudain face à Alex, la verrait-il avec ce même regard ? La dernière image qu'il avait d'elle datait de vingt-et-un ans. Elle en avait plus du double désormais. Cette perspective l'angoissait. Ce fichu décalage entre l'image que l'on garde d'une personne et la réalité des années, elle le redoutait.

Elle réfléchit. Il n'était pour le moment pas question de revoir Alex. Le sujet n'avait pas été abordé jusque-là, mais l'idée la faisait frémir de peur et d'envie à la fois. Depuis leurs échanges par messagerie, elle n'était plus la même. Son sommeil était hanté par le visage de celui qu'elle avait tant aimé. Chaque matin, elle attendait d'être seule dans la maison pour consulter ses messages, au calme. Il lui arrivait même de se lever la nuit pour vérifier sa messagerie. Elle écrivait des brouillons dans les notes de son téléphone, les copiait puis les supprimait. Il fallait absolument éviter que JB tombe là-dessus. Elle avait changé le mot de passe de son téléphone. Puis elle avait créé une nouvelle adresse e-mail, par crainte que son mari ne consulte sa boîte de réception dont il connaissait les identifiants. Elle avait transféré tous les messages reçus et envoyés depuis ses retrouvailles à distance avec Alex vers sa nouvelle messagerie. Elle les avait supprimés de l'ancienne messagerie sans oublier de vider la corbeille. Sur l'ordinateur, elle avait effacé l'historique et tous les mots de passe. Enfin, elle avait toujours à l'esprit la vigilance qui s'imposait désormais et la nécessité de procéder de cette manière systématiquement, régulièrement, sans jamais l'oublier. Aucune défaillance n'était permise.

Plus que d'ordinaire, Catherine observait JB. Elle se disait qu'elle le trouvait vieilli peut-être parce qu'elle ne l'aimait plus. Persuadée que la perception de la beauté était davantage liée aux sentiments qu'à la beauté intrinsèque de la personne, elle en venait à se demander si elle l'avait déjà aimé. L'idée l'effrayait. Plus de vingt ans de vie commune avec un homme qu'elle n'aimait pas, alors que quelque part sur terre, le seul amour qu'elle ait jamais eu ne cessait de lui envoyer des lettres enflammées, jamais parvenues à destination. Quel gâchis.

12. L'histoire parallèle (II)

Catherine,

Oui c'est déroutant. Je t'avoue être perturbé depuis ces derniers jours avec un sommeil haché, ce qui ne m'arrive jamais. Mais que c'est bon de renouer avec le passé ! Cette sensation est impossible à décrire.

Je suis ravi de te savoir heureuse en ménage avec ton mari et ton fils. Pour ma part, mon investissement dans mes activités et mes nombreux déplacements se sont faits au détriment de ma vie privée. J'ai été marié. Mais mon mariage n'a pas tenu. J'étais trop absent, et en décalage avec mon épouse quand est venu le sujet de fonder une famille. Je ne voulais pas d'enfant, elle si. Nous avons divorcé rapidement. Un mal pour un bien. Je crois que ce mariage n'était qu'un pansement : je n'étais pas complètement guéri de t'avoir perdue. Je ne peux te dire si je suis heureux aujourd'hui. En phase avec mes convictions, mes valeurs, mes idées, oui, totalement. Mais d'un point de vue personnel, j'ai quelques regrets.

Je vis à Paris la majeure partie de l'année. J'interviens à la fac là-bas. Je ne suis que très rarement revenu à Bordeaux. Mais à deux heures de Paris en train, c'est facile et possible. Souhaiterais-tu me revoir ? L'idée me trouble…

Donne-moi des nouvelles… Je t'embrasse, Alex.

PS : Je dois rejoindre Rio ce soir pour ensuite prendre le vol pour Paris. Je te répondrai dès que je le pourrai.

Alex,

C'est un plaisir de te lire et de renouer le contact avec toi. Quand tu dis que tu as des regrets, veux-tu parler de moi ?

De ton ex-épouse ? De ne pas avoir eu d'enfant avec elle ? Moi aussi j'ai des regrets, si tu savais... Mon mari, que tu as d'ailleurs dû croiser à l'époque -JB, ça te dit quelque chose ?-, a été pour moi aussi un "pansement" comme tu dis. Je te croyais mort. Cette période a été terrible pour moi. Entre ma mère qui faisait pression sur moi, JB qui me tournait autour, et moi dans tout ça, j'étais complètement perdue. J'ai fait n'importe quoi. Cette période a été une des plus sombres de ma vie. En miettes, j'ai mis du temps à me reconstruire.

Peux-tu m'en dire davantage sur tes convictions, quand tu dis que tu es en phase avec tes valeurs ? Le sujet m'intéresse. Je te sais engagé dans des causes nobles. J'aimerais bien parler de tout cela avec toi.

Alex, je dois rejoindre ma voisine pour l'aider dans son entreprise, je te laisse. Catherine.

PS : peux-tu utiliser désormais cette nouvelle messagerie que j'ai créée exprès pour nous ? Mon mari a les codes de l'autre, on ne sait jamais...

Catherine,

Je t'écris vite avant d'embarquer. Me voilà devenu accro à mon téléphone, c'est le monde à l'envers ! Mes engagements et mes convictions, je t'en parlerai avec plaisir. Je dois être bref car je ne vais pas tarder à monter dans l'avion, mais pour faire court, je pense comme toi que notre société -occidentale- est malade et que notre système est à bout de souffle. Dans "système", j'englobe tout : surconsommation, ultra-mondialisation, idée que l'on a de la réussite, rapport à l'argent, fonctionnement des entreprises, course à la rentabilité -qui implique délocalisations, esclavage des temps modernes, approvisionnements à moindre coût quelles qu'en soient les conséquences, et j'en passe-, etc.

L'embarquement va commencer... À très vite. Alex.

Alex,

Ce matin je me suis connectée sur le site des aéroports

de Paris pour vérifier que ton avion s'était bien posé. C'est peut-être bête mais je me méfie du destin... Même s'il est impossible de réécrire le passé, je me demande moi aussi comment les choses auraient tourné si j'avais reçu tes lettres. Cela me fait froid dans le dos. Ton départ et la suite ont été de vraies épreuves pour moi. Un jour il faudra que je prenne le temps de t'en parler.

Je vais te laisser te reposer après ce long voyage. J'ai tellement hâte de te lire ! Les sujets qui te préoccupent m'interpellent. J'aimerais beaucoup qu'on échange sur tes analyses, moi aussi je me pose des questions sur le monde dans lequel nous vivons aujourd'hui. Et des questions, aussi, sur mon propre mode de vie.

Juste avant de te laisser, je voulais te demander si tu serais d'accord pour m'envoyer une photo de toi. Tu dois trouver ça bizarre. Je pourrai t'en envoyer une de moi aussi, si tu veux. À très vite... Je t'embrasse, Catherine.

Catherine,

J'aurais aimé te répondre avant, mais j'ai été rattrapé par mon quotidien depuis mon retour à Paris. À chaque fois que je pars en déplacement, c'est la même chose.

Quel bonheur de consulter ma messagerie et de voir que tu m'as écrit ! Tes messages me font un bien fou. Je te joins une photo récente de moi, prise l'été dernier dans les Alpes. J'avoue appréhender un peu ton ressenti quand tu la découvriras ! J'ai quand même pas mal changé...

Tu me posais la question de mes regrets. C'est compliqué. Je me suis tellement engagé corps et âme dans mon association à l'époque que j'ai sacrifié ma vie privée. Je pensais que ma vie, c'était la cause humanitaire. J'avais tort. Le soir quand je rentrais à la maison, j'étais seul. Personne à qui parler, personne sur qui me reposer, personne pour me prendre dans ses bras. J'avais fichu en l'air mon mariage. Pire, je t'ai abandonnée lâchement car tu n'avais pas vraiment le choix.

Me suivre aurait été pour toi un sacrifice à beaucoup d'égards je pense. Je n'ai pas eu la joie d'être père, de voir mes enfants grandir. C'est ma faute, je n'en voulais pas.

J'étais enfermé dans une vision que je trouve aujourd'hui dogmatique : ne pas avoir d'enfants pour freiner la croissance démographique et ne pas leur infliger le monde qui les attend. J'aurais pu me dire plutôt qu'en avoir aurait été un moyen de transmettre des valeurs qui pourraient justement contribuer à construire un monde meilleur.

Je ne pense pas que les problèmes du monde soient directement liés au fait que nous soyons près de dix milliards d'humains sur terre. Tu as peut-être entendu parler de cette approche malthusienne.[1] *Je l'ai adoptée pendant un temps, mais aujourd'hui je m'en suis éloigné. Le problème me semble bien plus complexe et multi-causal : une infime proportion d'humains détient la quasi-totalité des richesses et ce sont ces mêmes individus qui contribuent à près de quatre-vingts pour cent de la pollution planétaire. En parallèle, la croissance démographique continue follement dans des pays où règnent pauvreté et famine et où l'accès à la contraception est presque inexistant.*

Voilà mes aspirations, mes réflexions et mes regrets. Mais tu sais comme moi que c'est idiot, les regrets. On ne peut agir que sur le présent, et ainsi préparer l'avenir. Mon présent, c'est ce que je fais maintenant : mes recherches, passionnantes, mon métier d'enseignant, que j'aime par-dessus tout.

Mon avenir, ce sera toujours mes recherches, mon métier d'enseignant, et peut-être, enfin je l'espère, la poursuite de nos correspondances, si tu le veux bien. Je suis sincèrement troublé et même un peu perdu en t'écrivant. Je suis incapable de me positionner. On s'est quittés il y a des années. Je n'ai jamais été ton ami. Et pourtant je me sens proche de toi, et

1. Théorie de l'économiste Thomas Malthus ((1766–1834) qui considère qu'il est nécessaire de réguler les naissances pour que la croissance démographique reste en rapport avec la croissance des richesses.

même complice. Je ne veux pas être maladroit ou indiscret. Je me sens peu légitime en écrivant cela, car tu es mariée, et tu sais combien je respecte la notion d'engagement. Je ne veux ni te bousculer, ni te mettre en danger. Dis-moi, et je te promets de toujours te respecter et respecter tes choix.

Je te laisse pour aujourd'hui. Alex.

13. Dans la cave (III)

Catherine imprima ses correspondances avec Alex et s'apprêtait à se réfugier dans sa cave, là où étaient soigneusement rangés ses secrets. Elle relut plusieurs fois leurs échanges et s'attarda sur le dernier message, celui dans lequel il évoquait ses regrets. Elle aussi en avait, des regrets. Comme ne pas avoir eu la force de s'affranchir de l'emprise de sa mère, à l'époque. Ne pas avoir tout plaqué pour suivre Alex en Afrique. Ne pas avoir envisagé qu'il aurait pu être vivant, et le rechercher. Et puis d'autres regrets, douloureux et inavouables, accompagnés d'un sentiment d'impuissance face à l'idée lancinante d'un point de non-retour largement dépassé.

Avant de descendre à la cave, ses yeux se figèrent un moment sur la photo qu'il lui avait envoyée dans son dernier message. Il ressemblait à l'image qu'elle avait gardée en mémoire après le reportage télévisé, avec une barbe plus nette qui faisait ressortir son regard. Il n'avait finalement pas tant changé. En fixant la photo, elle prenait conscience peu à peu de la réalité. Ce n'était pas un rêve. Son cœur battait dès qu'elle consultait sa messagerie. S'il avait écrit, les palpitations remplaçaient les battements. C'était excitant mais tellement déstabilisant. Sa vie tranquille d'avant était en train de vaciller. Comme un funambule, elle se trouvait confrontée à deux dangers imminents : perdre l'équilibre, ou voir le fil se rompre. La chute serait fatale. Irréversible.

Avant ces retrouvailles à distance, guidée par une confortable routine, elle savait à peu près de quoi son lendemain serait fait. Ce n'était désormais plus le cas. Il y avait un chemin étroit, tracé, visible, et, tout le long, un précipice. Un faux pas pourrait la mener tout au fond. À moins qu'elle ne prenne elle-même la décision de sauter dans le vide. De plonger pour affronter l'imprévisible. De transgresser l'ordre et les apparences imposées par son éducation. De faire un bras d'honneur au *qu'en-dira-t-on.* Et finalement, après avoir osé le grand saut, de se découvrir des ailes qu'il suffisait de déployer pour prendre son envol.

Malgré son attirance pour ces pensées subversives, Catherine privilégiait toutefois une certaine prudence. Par précaution, par peur aussi. JB ne devait en aucun cas découvrir ses correspondances. La clandestinité volontairement dissimulée de son épouse constituerait pour lui la pire des trahisons. Il se mettait rarement en colère, car sa femme possédait cette capacité à anticiper ses excès d'humeur et agir à temps pour le calmer. Mais dans le cas présent, rien ne pourrait l'apaiser. Cela réveillerait en lui d'anciennes blessures jamais cicatrisées.

Enfant mal aimé, JB avait subi brimades et humiliations de la part de son père. Adolescent, puis adulte, il s'était réfugié dans le travail ; à force de persévérance, il avait brillamment réussi le concours sélectif d'une grande école de commerce. Sa carrière professionnelle s'annonçait prometteuse dès ses jeunes années et il avait prouvé ses compétences en gravissant les échelons de manière remarquable. Pourtant, plus que la réussite sociale, c'est autre chose qu'il espérait intimement : à défaut d'admiration, au moins un peu de reconnaissance de la part de son père. Au fil du temps, il avait fini par renoncer à cette fichue quête à laquelle il ne croyait plus. Son père ne jurait que par son second fils, qui, lui, avait suivi la voie attendue en devenant oncologue puis chercheur. Bien plus méritant et plus utile à la société qu'un simple petit businessman prétentieux qui possédait à peine quelques notions de gestion d'entreprise et de marketing, selon son père. JB, qui avait perdu sa mère à l'âge de dix-huit ans, avait coupé les ponts avec la famille qu'il lui restait depuis de longues années. Son père, malade, finissait sa vie en maison de retraite près de Paris et son frère vivait à Chicago, en tant que chercheur dans son domaine. La mère de Catherine lui offrait finalement une partie de ce qui lui avait cruellement manqué depuis son enfance : du respect, de l'estime et même de l'admiration.

Ses blessures du passé, JB ne les avait jamais réellement pansées. La cicatrice était là, invisible et pourtant tellement perceptible. Se sentir de nouveau rejeté, a fortiori par sa femme, reviendrait à rouvrir une plaie encore suintante. Cela pourrait le rendre fou. Parce qu'il avait besoin d'elle, parce qu'à sa manière, il pensait l'aimer, mais surtout parce qu'il ne supporterait en aucun cas de la sentir lui échapper. Il avait la main sur elle. Il la contrôlait, comme il contrôlait ses employés, sa maison, son foyer, sa vie. Elle lui appartenait. Telle était sa vision des choses.

Au fil des années, le petit garçon rejeté et peu sûr de lui était devenu un homme d'affaires respecté et même parfois craint par ses détracteurs. Sa solide expérience, ajoutée à sa détermination, lui avait offert de savoir gérer avec brio des situations périlleuses. Jamais un conflit au travail, une menace de mouvement social, ou, pire, un litige juridique où son entreprise serait en cause ne l'auraient effrayé. JB n'avait peur de rien. Il dénouait les problèmes d'une main de maître. Ses interlocuteurs le savaient bien. Bras droit du directeur général, il était devenu un pilier de l'entreprise. Et peut-être aussi le pilier de sa famille, aux yeux de la mère de Catherine qui l'idéalisait.

À la maison comme à son travail, le seul maître à bord, c'était lui. La perte de contrôle lui était insupportable et pouvait provoquer en lui des réactions qui tranchaient avec sa posture charismatique et posée à la fois. Ces débordements, Catherine les redoutait, sans pour autant vraiment les condamner. Son éducation stricte et traditionnelle lui avait inculqué l'importance d'être bien mariée et d'assurer son rôle d'épouse selon les codes du milieu. La bonne épouse devait être présente pour son mari, en toutes circonstances. Présente quand il rentre du travail -point particulièrement sensible-, présente quand il a faim, présente pour le soigner, présente pour le satisfaire jusqu'au lit conjugal. Quand la femme ne travaillait pas, elle devait se montrer d'autant plus compréhensive à l'égard de son mari. Après une journée harassante, il était normal qu'il soit fatigué et potentiellement irascible -et d'autant plus s'il occupait de hautes fonctions-. La femme, quant à elle, ne subissait aucun stress, aucune pression et n'avait pas grand-chose à faire de ses journées. Surtout quand son mari avait en plus la délicatesse de lui payer une femme de ménage -sans parler de l'argent dont elle pouvait disposer presque librement pour sa toilette et sa garde-robe.

Catherine avait grandi dans ce système, avec ses codes, sans les remettre en question jusqu'à sa rencontre avec Alex. Elle découvrit dès lors, au-delà de la passion, une certaine forme de liberté qui, telle un ouragan, balayait tout le modèle de convenances sociales dans lequel elle était immergée depuis toujours. L'annonce du crash, de la mort d'Alex et les événements qui suivirent, l'avaient heureusement remise dans le droit chemin, selon les dires de sa mère. Le droit chemin, c'était une vie rangée, stable, conventionnelle, avec un homme de son rang -le talentueux et ambitieux JB. C'était élever son fils, préparer les repas, gérer la logistique de la maison, penser aux tâches administratives, le tout sans jamais se plaindre -avec le train de vie qu'il lui offrait, cela aurait été un comble-. C'était rester sur le chemin tracé sans jamais faire un pas de côté.

Catherine était dans l'acceptation. Même si, au plus profond d'elle-même, une petite voix intérieure lui chuchotait l'absurdité et l'anormalité de la situation. La prise de conscience se fit attendre mais finit par survenir. Tout commença après un après-midi partagé avec des amies. L'une d'entre elle était vendeuse indépendante à domicile de produits cosmétiques. Elle lui avait proposé de la parrainer. Cela était pour elle une belle opportunité pour se divertir, rencontrer du monde et gagner un peu d'argent. Elle se laissa tenter. Dès les premières réunions, elle prit goût à cette activité. Davantage pour les rencontres et les discussions que pour l'aspect pécuniaire.

Parmi les participantes régulières se trouvait une femme, Anne. Toutes deux s'étaient liées d'amitié, jusqu'au jour où JB rentra plus tôt que d'ordinaire du travail et surprit Catherine en pleine réunion. Lorsque son regard croisa celui d'Anne, le malaise était palpable. Catherine interpréta dans un premier temps que son mari n'appréciait pas qu'elle réunisse du monde chez elle. La raison était toute autre. JB lui expliqua qui était vraiment Anne : une de ses anciennes collaboratrices, qui avait tenté de le séduire pour obtenir une promotion. Un classique dans le monde de l'entreprise, disait-il. Devant son refus, elle l'avait menacé d'inverser les rôles et de l'accuser de harcèlement. Cela était devenu facile pour une femme d'accuser un homme de la sorte, affirmait JB. Il ne céda pas au chantage. Anne, déroutée par sa droiture et honteuse de la situation, avait peu après démissionné de l'entreprise. Il n'était pas surpris que cette femme ait cherché à sympathiser avec Catherine pour le narguer et peut-être aussi pour le provoquer. Elle n'était qu'une perverse manipulatrice, nymphomane et carriériste.

Catherine crut son mari sur parole. Les souvenirs lui revenaient. Elle se rappelait en effet Anne qui l'interrogeait sur la profession de son mari et qui scrutait les photos de famille, l'air de rien. Elle cherchait probablement à obtenir des informations sur lui. Il était fort possible que cette femme ait volontairement participé aux réunions en ayant parfaitement connaissance qu'elle venait chez son ancien patron. Elle aurait même pu, à l'insu de Catherine, fouiller dans ses affaires pour chercher des ennuis à son mari. Sa soi-disant amie l'aurait donc trahie. Elle se remémora les explications confuses que celle-ci avait tenté de lui donner : JB lui aurait fait des avances, qu'elle aurait déclinées ; blessé dans son égo, il lui aurait confié des tâches ingrates et des missions impossibles à rendre dans le temps imparti. Il aurait envisagé de la licencier pour faute professionnelle, elle l'aurait menacé de porter plainte pour harcèlement sexuel. Pour l'en dissuader, il lui aurait proposé une somme conséquente en liquide en échange de sa démission et de son silence. Elle aurait accepté, pour éviter la charge mentale d'une procédure longue et éprouvante, mais l'aurait ensuite regretté.

Catherine n'imaginait pas son mari capable ni de harcèlement au travail, ni de corruption. Anne mentait, elle en avait la certitude. À l'inverse, elle jugeait plausible que des femmes, dans son entreprise, tentent de le séduire pour obtenir des promotions. JB profita de la confiance et de la complicité de sa femme pour lui glisser qu'il n'appréciait effectivement guère la venue de personnes inconnues dans sa maison, surtout sans en être avisé. Elle admit avoir été victime d'abus de confiance et reconnaissait que la maison était en désordre depuis qu'elle avait commencé son activité. Les bons de commande traînaient, ainsi que les échantillons, les stocks de produits, les cartons. Devant les arguments de son mari, elle décida de renoncer à ses réunions définitivement. Comme le sous-entendait souvent sa mère, elle n'avait pas vraiment besoin de travailler car JB gagnait très bien sa vie. Les femmes qui venaient aux réunions cessèrent de la voir et le groupe d'amies se disloqua aussi vite qu'il s'était formé.

Jusqu'à l'arrivée de Vanessa dans le quartier, Catherine se retrouvait seule chez elle des journées entières. Bien qu'elle fût à l'origine de ce choix, il y avait pourtant, au plus profond d'elle, une espèce d'intuition qui lui susurrait timidement que quelque chose ne tournait pas rond. Avec le recul, le doute l'envahissait. Elle se souvenait de ce jour où le sujet d'Anne revint dans la discussion. À côté d'elle sur le canapé, JB avait posé sa main sur la sienne, l'air rassurant, compatissant, pour lui signifier qu'elle avait fait le bon choix d'arrêter son activité et de ne plus voir ses amies. Mais elle insistait. Tenace, elle voulait démêler le vrai du faux. N'y avait-il pas un peu de vérité dans la version d'Anne ? Qui avait réellement fait des avances à l'autre ? Anne était une belle femme, JB aurait-il pu tester son pouvoir de séduction ? Lui avait-il vraiment donné de l'argent pour acheter son silence ? Agacé, il lui avait brutalement lancé :

— Tu vas arrêter de me parler de cette traînée ? Je t'ai déjà tout expliqué ! Je n'ai rien à prouver. Cette fille est une perverse nymphomane prête à tout, c'est aussi bête que ça.

— Et tu as réussi à la faire démissionner ?

— Évidemment. On n'allait tout de même pas lui payer des indemnités.

— Et tu ne lui as pas donné d'argent ?

— Mais ça va pas ? Tu m'accuserais de corruption ? Ce qui au passage ferait de ta copine, en plus d'une folle hystérique, une pute ? Je rêve ! Et toi tu la fais venir à la maison, tranquille…

— Je ne pouvais pas savoir...

— Eh bien justement. Quand on ne sait pas, on reste à sa place. Tes pseudo-activités professionnelles, tu peux tirer un trait dessus. C'est terminé.

Catherine se leva du canapé et regarda son mari, piquée d'être ainsi humiliée. Il se leva face à elle et la toisa à son tour.

— Ça te pose un problème ? Ta place, tu l'as voulue. Je ne t'ai jamais forcée à m'épouser.

— Tu sais très bien que c'était compliqué pour moi.

— Tu étais bien contente de me trouver quand je t'ai ramassée sur le bord de la route. Tu le sais très bien.

— J'étais désespérée. Tu m'as tendu la main, c'est vrai. Je l'ai prise, cette main. Mais ce n'est pas une raison pour m'empêcher de vivre ma vie.

— Vivre ta vie... Tu n'es pas heureuse ici ? Tu as tout ce que tu veux. Je te paie même une femme de ménage. À quoi ça va te servir de gagner quatre sous avec tes réunions Tupperware ? À part à croiser les pauvres filles du coin ? Tu m'expliques ?

— Laisse tomber. Tu n'as pas envie de comprendre. J'ai besoin de voir du monde moi aussi. D'avoir l'impression d'exister. Et, pourquoi pas, de gagner ma vie ?

— Pour quoi faire ? Pour avoir ton "indépendance financière" ? Pour me quitter ? Pour rejoindre le "club des divorcées" ? Pour baiser qui tu veux quand tu veux ? Quoique non, pas ça... Tu es frigide, c'est vrai, j'avais failli oublier !

— Arrête, s'il te plaît. Ce n'est pas vrai.

— Alors pourquoi tu n'as jamais envie ? C'est moi le problème, alors ? C'était comment avec l'autre ?

— De qui tu parles ?

— Tu le sais très bien. Ton abruti de communiste écolo qui s'est crashé en avion.

Catherine se souvenait du dédain et de la jubilation qui transpiraient de l'expression de JB quand il vit dans ses yeux humides qu'il l'avait touchée en plein cœur. Quand il la rabaissait, quand il la ramenait à sa condition féminine, telle que lui la concevait, la claque faisait mal mais elle était encore supportable. Mais quand il s'en prenait à Alex, ce n'était plus une claque. C'était une gifle. À travers Alex, il visait volontairement son point le plus sensible. Il en jouait sciemment quand il souhaitait clore une conversation. Catherine se tut et la vie reprit son cours. Les grilles de sa cage dorée se refermaient autour d'elle. L'idée même de s'en échapper la projetait dans un cauchemar dans lequel des murs s'élevaient devant elle tandis que des chaînes la retenaient en arrière. Elle se sentait seule contre tous.

Devant la photo d'Alex, elle ressassait ces moments douloureux et parfois même humiliants. La honte la parcourait. Elle culpabilisait tellement. Elle se savait responsable de la situation et pourtant incapable de prendre sa vie en main. En outre, JB avait su, à défaut de la reconquérir, lui montrer un visage plus flatteur. Il l'avait emmenée en voyage. Il se montrait plus attentionné, surtout en public. Elle était prise dans un étau. Pire encore, elle se sentait redevable. JB l'avait sortie d'une mauvaise posture. Vraiment. Un lourd secret. Le genre de secret qui, tel une tornade sur un château de cartes, ferait tout voler en éclats s'il était révélé. Le genre de secret qui briserait une famille entière.

Catherine se tenait dans la cave, face à son carton. Elle rangea soigneusement dans une pochette ses correspondances avec Alex et la photo. Sous cette pochette se trouvait la boîte métallique, qui contenait son journal intime et d'autres papiers. Elle se retint de l'ouvrir. Bientôt, se disait-elle, elle se sentirait prête à replonger dans ce qu'elle renfermait. Mais pas maintenant. Il lui fallait s'armer de courage, dépasser sa zone de confort, affronter ses démons. Après, après seulement, elle pourrait envisager autrement le château de cartes. Et sauter dans le précipice, pour enfin déployer ses ailes et dépasser les grilles de sa cage dorée.

14. Le vent tourne

En quelques mois, Vanessa avait brillamment développé l'activité de sa toute jeune entreprise qui n'allait plus tarder à lui offrir, enfin, un petit revenu. Son investissement, son temps et son énergie commençaient à porter leurs fruits. Son professionnalisme, ajouté à la confiance qu'elle suscitait naturellement ainsi qu'à sa disponibilité, favorisait l'arrivée de nouveaux clients. Elle gérait désormais une dizaine d'appartements et maisons en location courte durée, pour le compte de propriétaires qui cherchaient à rentabiliser leur bien. Catherine l'aidait sur tout le volet administratif et contractuel, et parfois aussi dans les missions d'accueil de clients dans les logements.

Malgré cette orientation encourageante pour Vanessa, Bruno, depuis quelque temps, se montrait distant à son égard. Connaissant ses problèmes au travail, elle n'osait le questionner et cherchait plutôt à lui changer les idées. Les vacances aux sports d'hiver approchaient à grands pas.

— Tu as trouvé des locataires pour la maison ? demanda Bruno.

— Pas encore, j'ai l'impression qu'il n'y a pas beaucoup de demandes sur Airbnb pendant les vacances de février à Bordeaux.

— Il va falloir, pourtant...

Bruno prit sa tête entre ses mains. Puis il alluma une cigarette.

— Tu fumes, maintenant ?

Il se tut, le teint blafard, le regard livide. Il tira fort sur sa cigarette et fut pris d'une quinte de toux.

— Vanessa, je suis viré. C'est fini. Plus de boulot. Une micro-prime et me voilà au Pôle Emploi, répondit-il soudain, avant porter de nouveau la cigarette à sa bouche et de l'aspirer, un peu moins fort cette fois.

Vanessa le prit dans les bras et le serra fort contre elle. Bruno se blottit contre sa femme et se mit à pleurer.

— Je ne suis qu'un loser. Un nul. Tout ça c'est ma faute.

— Mais non, pourquoi dis-tu cela ? Tu es un mec bien, Bruno. Tout sauf un nul.

— C'est moi qui t'ai poussée à démissionner pour me suivre à Bordeaux. Mais quel con ! Si j'avais su...

Vanessa peinait à réconforter son mari. Persuadée que quitter Paris fut leur meilleure décision, elle tentait de lui montrer le côté positif de la situation.

— Avec mes indemnités, on va tenir six mois maximum. Il faut absolument que je retrouve un emploi très vite, sinon...

— Sinon quoi ? Moi aussi je travaille, mon entreprise commence à rapporter un peu d'argent...

— Ce n'est pas suffisant, Vanessa. Le crédit maison, le crédit voiture, l'école des enfants, leurs activités, comment veux-tu faire ? Même en mangeant des pâtes tous les jours ce n'est pas tenable.

— On mettra la maison en location quand on partira en vacances, et puis on fera attention aux courses, on limitera les achats de vêtements. On pourrait vendre la voiture, aussi, et en prendre une plus petite ?

— La voiture est neuve, Vanessa. Si on la vend, on récupère moins que le crédit qui reste à rembourser ! À la limite, on pourrait mettre en location la maison et prendre un appartement avec un loyer plus faible, mais bon...

— Ah non, pas ça, Bruno...

Vanessa tenait trop à sa maison, à son cocon, dans lequel ses enfants, elle et Bruno se sentaient si bien.

Louer un appartement reviendrait à un cruel retour en arrière. Fini les jeux des enfants dans le jardin, finis les apéritifs, barbecues et brunchs avec les amis ou les voisins. L'idée lui était insupportable. Ni elle, ni Bruno n'étaient réellement prêts à renoncer à leurs habitudes et à leur style de vie. Retourner à Paris leur faciliterait à tous les deux la recherche d'emploi, mais ils ne supportaient ni l'échec d'avoir tenté quelque chose à Bordeaux, ni l'idée de retrouver tout ce qui les rebutait dans la vie parisienne.

— Et si on en parlait à JB ? Il nous a parlé de postes à pourvoir dans son entreprise...

Le visage de Bruno s'illumina.

— Tu crois ? Mais oui, tu as raison, évidemment...

— Je vais en glisser un mot à Catherine, si tu veux. Je la vois demain. Ce n'est peut-être pas un job de fou, mais ce sera mieux que de rester à la maison à te morfondre.

— Je suis prêt à prendre n'importe quel travail, de toute façon, tant que je ne remonte pas à Paris !

Vanessa attrapa une veste, prit son sac à main et ses clés. Devant l'expression surprise de son mari, elle lui expliqua :

— J'ai un client à accueillir dans un appartement. Je reviens vite.

— Si tard ? Mais il n'y a pas des horaires, normalement ?

— Si, mais j'essaie de me montrer flexible parfois. J'ai besoin de bons avis sur internet pour développer mon entreprise... Tu vas voir, mon chéri, maintenant que tu vas être un peu plus à la maison, ma vie d'entrepreneuse n'est pas de tout repos !

— Je suis fier de toi, tu sais.

Vanessa n'aimait pas trop les entrées tardives dans les locations qu'elle gérait. Cela l'obligeait à ressortir le soir et à gâcher une soirée avec son mari et ses enfants. Consciente toutefois de la nécessité de ce genre de concession pour faire grandir son affaire, elle l'acceptait avec détermination et courage. Son travail était apprécié de ses clients et ses perspectives de développement étaient plus qu'encourageantes. Afin de ne pas se laisser déborder, elle sélectionnait désormais les propriétés qu'elle gérait. L'emplacement, le standing, les équipements et tout simplement son intuition lors du premier contact avec le propriétaire constituaient ses principaux critères. Jamais un travail ne l'avait autant motivée dans le passé.

Elle rencontrait néanmoins parfois des difficultés dans la gestion de son temps. Catherine la secondait, mais elle allait devoir bientôt recruter du personnel pour gérer les pics d'activité, sur les missions d'accueil et d'intendance. Lors d'une de leurs entrevues, elle lui formula une proposition.

– Catherine, il faudrait que tu crées ta micro-entreprise. Tu travailles de plus en plus pour moi et on ne peut pas continuer comme cela.

– J'adore t'aider dans ces missions, Vanessa, je te l'ai déjà dit. Je ne fais pas cela pour l'argent.

– Oui, je sais bien. Mais imagine qu'il t'arrive quelque chose, je ne sais pas, un accident par exemple.

– C'est vrai. Je suis juriste, je ne vais pas te dire le contraire. Je vais en parler avec JB.

JB entrait dans le sujet de la conversation et Vanessa y perçut une aubaine à saisir pour parler de Bruno.

– Catherine, il faut que je te dise quelque chose. C'est... délicat, disons.

– Rien de grave, j'espère ! Tu m'inquiètes...

– Tu te souviens, une fois, JB nous a parlé d'un poste qui devait se libérer dans son entreprise.

– Oui, c'est possible... Tu sais, je n'écoute pas toujours tout ce qu'il dit quand il parle de son travail !

Vanessa avala sa salive avant d'inspirer et de reprendre la conversation. Elle détestait cette impression de quémander auprès de personnes qui ont déjà tant donné. Mais elle n'avait guère le choix.

— Bruno a perdu son job. C'est la cata... Je me sens terriblement gênée de te demander ce genre de service, mais crois-tu que JB pourrait faire quelque chose pour lui ?

Catherine posa sa main sur la sienne.

— Vanessa, bien sûr, au contraire tu as raison de m'en parler. Je vais en discuter avec lui. Il vous apprécie beaucoup tous les deux et je suis sûre qu'il sera ravi de vous aider s'il le peut.

— J'ai un peu honte. Vous êtes adorables et je ne sais pas si nous méritons tout ça.

— Arrête, Vanessa. Évidemment vous le méritez. Tu n'imagines pas le bien que cela me procure que de t'aider dans ton entreprise. Tu m'as sortie de mes journées de femme au foyer à m'ennuyer à mourir et à avoir l'impression de ne servir à rien. Là je me sens utile. Et cela n'a pas de prix. Si JB et moi pouvons vous aider, nous le ferons.

15. L'histoire parallèle (III)

Alex,

Merci pour la photo. Tu n'as pas changé et cela ne m'étonne pas. Tu vas peut-être me trouver naïve, mais j'ai toujours eu envie de croire que quand on est honnête avec soi-même, quand on est fidèle à ses valeurs et à ses convictions, alors on change peu physiquement... Comme si la beauté intérieure transparaissait à l'extérieur... À mon tour je t'envoie une photo. Je ne te dis pas le temps que j'ai mis à la choisir. J'ai pris celle qui me semblait la plus naturelle. Elle a été prise l'hiver dernier, sur la plage de l'Horizon au Cap Ferret.

J'aime bien ton point de vue sur le monde, ses inégalités, ses absurdités. Je pense que nous avons été trop loin dans beaucoup de domaines, en particulier la mondialisation -on a quand même été assez bêtes pour délocaliser nos entreprises sous prétexte de meilleure rentabilité et par conséquent détruire nos emplois, perdre notre savoir-faire et fabriquer du chômage...- et certains aspects du capitalisme. Je te dis cela alors que je suis la première à profiter de ce système, puisque je fais partie de la catégorie qui en a justement les moyens. Tout cela parce que je suis "bien née" comme on dit : dans la bonne famille, dans le bon pays, dans le bon quartier. La loterie m'a été favorable. Et pourtant parfois je me demande si cela est vraiment une chance. Autour de moi je trouve les gens de plus en plus égoïstes, impatients, tristes et même parfois agressifs. Notre société est à la fois riche et malade. Cela pose question, tu ne trouves pas ?

Sinon, Alex, comme il n'y a plus de décalage horaire entre nous, penses-tu que l'on pourrait se parler au téléphone ? En journée, surtout le matin, je suis assez libre. L'après-midi je travaille pas mal avec ma voisine qui a créé son entreprise. Je te raconterai. Une très belle rencontre avec nos nouveaux voisins.

Et toi, dis-moi, comment se déroulent tes journées ? Tes soirées ? Tes week-ends ? Aimes-tu toujours autant le cinéma ?

Je vais te laisser, mais juste avant, je voulais te dire que tu n'étais absolument pas indiscret, maladroit, pas du tout. Continue de m'écrire s'il te plaît, cela me fait tellement de bien de te lire ! Je t'embrasse, Catherine.

Catherine,

Ton message a été un vrai rayon de soleil. Cette photo m'a complètement chamboulé. Indescriptible sensation. Vingt-et-un ans entre la dernière fois que je t'ai vue et cette photo. Et vois-tu, je t'aurais immédiatement reconnue si je t'avais croisée dans la rue, sans hésitation. Tu es rayonnante. La belle personne que tu es intrinsèquement transparaît à l'extérieur, comme tu dis. Tu n'as pas changé, toi non plus. Quoique : où sont passées tes jolies bouclettes ? Je plaisante. Ta coupe te va très bien. Tu fais plus sérieuse, mais je vois dans ton regard que tu es toujours la même.

Pour te répondre sur mes journées, hormis quand je pars en mission comme récemment au Brésil, c'est un peu la routine. Préparation des cours, interventions à la fac, poursuite de mes travaux de recherche, retour chez moi, lecture ou film. Je suis aussi assez actif dans une association qui vise à sensibiliser sur les sujets d'environnement. C'est très difficile de trouver la bonne manière de communiquer sur ces sujets, pour inciter les populations à l'action sans les faire culpabiliser. Si on les culpabilise, nous, les écologistes, nous passons pour des extrémistes et des donneurs de leçons, alors qu'en toute honnêteté, nous sommes tous loin d'être irréprochables. Pour être crédibles et écoutés sérieusement, pour ne pas braquer les populations, il faut, je pense, aborder les faits de manière objective, puis les solutions sans que celles-ci ne soient associées qu'à des privations ou des choses négatives. Il y a moyen d'être heureux sur Terre sans tous les excès de notre surconsommation indécente telle qu'elle l'est aujourd'hui dans le monde occidental. Ce sera difficile à faire admettre mais il le faudra bien.

Je crois intimement que notre système est mort. Ou du moins à l'agonie. Il va falloir réinventer, créer un nouveau paradigme. Voilà mon combat ! Je trouve passionnant que nous communiquions ensemble sur ces sujets.

Je suis d'accord avec toi et je le constate tous les jours à Paris : les gens sont effectivement égoïstes, impatients et pas si heureux que cela. C'est là que se logent le piège et le paradoxe de notre société de consommation : on nous a mis dans la tête qu'il "fallait réussir dans la vie", traduisons "faire des études, avoir un statut social, gagner de l'argent et le dépenser parfois de façon ostentatoire" -et au passage, c'est encore mieux si cela épate nos voisins ou les rend jaloux ! On a voulu nous faire croire que ce but suprême était la recette du bonheur. Sauf que non. Les dépenses en anti-dépresseurs, les statistiques sur les divorces, et tout simplement la tête des gens dans le métro ou sur le chemin du travail le démontrent tous les jours.

Vois-tu, certains diraient que si l'objectif ultime était de gagner beaucoup d'argent, alors j'ai raté ma vie. Mais moi, je crois tout l'inverse : ce sont justement ceux dont le seul objectif était de gagner de l'argent qui passent à côté de leur vie...

J'ai essayé de réfléchir au pourquoi de ce constat -c'est quand même fou d'atteindre le but que l'on s'est fixé, d'avoir tout ce qu'on attendait et d'être de plus en plus individualiste et insatisfait ! J'ai plusieurs hypothèses sur le sujet. Tout d'abord, à l'instar d'un enfant gâté, une fois qu'on a atteint un premier but (avoir un cadeau pour un enfant, et par exemple gagner tant d'euros par mois pour un adulte), la satisfaction et le plaisir sont éphémères : on veut toujours plus. Je crois vraiment que le problème est là. Nous avons fabriqué une société d'éternels insatisfaits qui veulent plus, toujours plus et qui sont incapables d'être heureux avec ce qu'ils ont déjà.

N'as-tu pas remarqué à quel point les choses perdent leur valeur avec les habitudes ? Si tu vas au restaurant tous les jours, apprécies-tu toujours avec la même délectation d'aller au restaurant ? Eh bien c'est pareil avec les vêtements, les voitures, les objets que l'on entasse dans les maisons, qui ne servent plus et qui dorment dans les placards. Je crois que l'on a trop de tout -attention, je parle des classes aisées, évidemment pas des personnes en difficulté qui malheureusement sont de plus en plus nombreuses puisque notre système ne fait qu'accroître le fossé. Et quand on a trop de tout, on n'apprécie plus rien. Comme un enfant trop gâté. L'enfant, pour être heureux, n'a pas besoin d'être gâté. Il a juste besoin qu'on l'aime, qu'on s'occupe de lui. Eh bien c'est la même chose pour nous. Une fois nos besoins primaires et de sécurité assouvis, la seule chose dont nous ayons réellement besoin est l'amour des nôtres, l'attention, le partage. Rien de plus. Et c'est justement cela qu'on a perdu... Enfin c'est ce que je crois.

Sinon, pour changer de sujet -dis-moi si je suis trop long...-, je suis toujours cinéphile passionné. Je vais au cinéma quand je peux, ou bien je regarde les films depuis chez moi. Je diversifie mes lectures et mes visionnages pour garder un peu d'espoir et d'optimisme ; après "Soleil Vert", je regarderai un bon Woody Allen, après "La Planète des Singes", je me détendrai devant l'excellent "Dîner de Cons" ! Comme tu peux le voir mes goûts sont particulièrement éclectiques. C'est la même chose avec mes lectures, la même chose avec la musique. Je vais passer de Beethoven -avec un penchant pour la septième- à Pink Floyd comme de Bach à Brassens. Tant que cela m'apporte du Beau, du bien, de la réflexion, c'est tout ce que je demande ! Te souviens-tu quand nous avons été voir "After Hours" de Scorcese à l'Utopia[1] *tous les deux ? Quel film ! Et j'allais dire, presque en lien avec ce qui nous arrive à tous les deux. Des enchaînements de circonstances qui nous éloignent, et le miracle qui nous rapproche...*

J'aimerais aussi beaucoup t'entendre au téléphone. On pourrait caler un moment où tu es dispo et moi aussi dans la semaine si tu veux. Dis-moi ce qui t'arrange.

Je vais devoir te laisser. Grosse journée demain avec mes étudiants. Je t'embrasse fort, et dis-moi pour le téléphone. Alex.

1. Cinéma de Bordeaux

16. L'anniversaire

Catherine fixait son reflet dans le miroir de la salle de bain, non mécontente de son choix. Pendant des années, elle s'était appliquée à lisser ses cheveux chaque matin pour obtenir un carré mi-long parfait, lisse et soyeux. Comme sur la photo envoyée à Alex. Pourtant, en bord de mer ou lorsqu'il pleuvait, l'humidité avait raison de son brushing impeccable ; alors, pour éviter un aspect négligé à sa coiffure, elle attachait ses cheveux. Toujours coupés à la bonne longueur, ils pouvaient être reliés en queue de cheval. Rigoureuse et prévoyante, elle avait toujours près d'elle une pince et un élastique, au cas où. Son sac à main était d'ailleurs à son image : organisé au millimètre, rien ne manquait. Mini-trousse de maquillage contenant rouge à lèvres, blush et pinceau, carte bancaire, chéquier, un peu de liquide dans le porte-monnaie, papiers, cordon relié à l'anse pour attacher les clés, petit étui avec antihistaminiques, adrénaline injectable et seringue en cas d'allergie, élastique pour les cheveux.

Ce jour-là, face à son miroir, elle avait décidé de ne pas utiliser le sèche-cheveux. Troublée, elle se remémorait le dernier message d'Alex, dans lequel il faisait référence à “ses jolies bouclettes”. La nature lui avait en effet donné des cheveux frisés qu'il suffisait de discipliner très légèrement -pas trop- pour obtenir de magnifiques boucles.

L'image que lui renvoyait le miroir ne lui déplaisait pas. Même après des années de lissage, de brushing, de produits spécialisés pour éviter les frisotis, ses boucles étaient revenues simplement en laissant sécher ses cheveux à l'air libre. De la simple ondulation à l'anglaise, le désordre et l'indiscipline donnaient un résultat finalement harmonieux et presque régulier. En laissant faire la nature, elle paraissait plus jeune. Cette coupe adoucissait les traits de son visage et la renvoyait à ses années étudiantes.

Elle se maquilla très légèrement, mit les boucles d'oreille, le collier de perles et la bague de fiançailles de sa grand-mère, qu'elle portait uniquement pour les grandes occasions. Puis elle enfila une veste assortie à sa robe droite, qui soulignait sa ligne élancée que les années n'avaient pas trop abîmée. Sa coiffure naturelle et vaporeuse rendait moins stricte sa tenue. Elle se regardait et réalisait à quel point un simple détail pouvait changer son allure. De classique et sobre, elle était devenue élégante et presque sexy. Pour partager un peu de sa vie avec Alex, à distance et virtuellement, elle pourrait lui envoyer une photo de la soirée.

JB n'avait quant à lui rien changé à ses habitudes. Costume, cravate, chemise achetés spécialement pour l'occasion, malgré des placards remplis de dizaines de chemises impeccables. C'était simple et chic, comme pour la majorité des hommes, mais cela laissait peu de place à la fantaisie. Quand il vit Catherine apprêtée, les mots lui échappèrent :

– Qu'est-ce que c'est que cette coiffure ?

Catherine, interloquée et à la limite de la culpabilité, se tut un instant. Elle avait osé un style qui dévoilait une part de sa vraie nature, au lieu de se cacher, par pudeur, derrière le masque du brushing strict et conventionnel.

– Tu n'aimes pas ? demanda-t-elle.

– Tu fais... comment dire... je ne dirais pas aguicheuse, mais bon !

– Tu plaisantes ? À cause de mes cheveux ?

– Pardon, ce n'est pas le bon terme. Tu es juste plus sexy

que d'habitude.

— Et cela te gêne ?

— Que veux-tu que je te dise ? De toute façon, tu feras ce que tu veux, non ?

— J'ai juste décidé de respecter la nature. Si mes cheveux frisent c'est qu'ils ont besoin de friser. Et au passage je te rappelle que c'est la coupe que j'avais quand tu m'as connue...

— Respecter la nature... répéta JB en haussant les épaules et en émettant un léger soupir, avec une expression pour le moins condescendante.

Thibault avait quant à lui opté pour un jean noir, une chemise blanche et une veste noire. Ce fut au grand regret de sa grand-mère qui, sans succès, avait tenté de le convaincre que sa tenue n'était pas correcte pour les occasions comme celle-ci, et que, plus généralement, le jean faisait "mauvais genre". JB était intervenu pour donner exceptionnellement raison à son fils. Comme toujours, il avait obtenu l'approbation de sa belle-mère, avec des arguments pourtant strictement identiques à ceux de Thibault. Les choses étaient ainsi : la parole de JB était écoutée, respectée et adoptée. Le dernier mot, c'était toujours pour lui. Presque en s'excusant, elle reconnut qu'effectivement, un jean noir, c'était pratiquement la même chose qu'un pantalon classique, d'ailleurs même parfois plus chic à condition de porter une chemise et une veste bien assorties. L'autre argument reposait sur le fait que Thibault fêtait ses vingt ans, et qu'il avait tout de même le droit de choisir sa tenue pour la soirée qui lui était consacrée.

La famille Robillard, fin prête, se rendit chez la mère de Catherine pour la conduire sur le lieu des festivités, un magnifique domaine viticole privatisé pour la soirée, près de Bordeaux. Une cinquantaine d'invités étaient attendus.

Catherine dut de nouveau encaisser des reproches quant à sa coiffure, jugée “sauvageonne” par sa mère. Non surprise car habituée à ce type de remarque, elle détourna son regard vers Thibault ; son sourire discret et son expression lui donnaient raison. Tous deux n’avaient pas besoin de se parler pour se comprendre. Ses yeux lui disaient juste :

— Laisse-tomber, Maman, ils n’y connaissent rien. Tu es resplendissante. Ne change rien.

La relation fusionnelle qu’elle entretenait avec son fils constituait une de ses raisons de vivre. Bien que sentant inéluctablement l’échéance de son départ approcher, elle savait intimement que ce lien serait indestructible. Son fils serait toujours son fils.

Vanessa et Bruno attendirent le baby-sitter avant de rejoindre le domaine. Tous deux étaient parfaitement assortis. Leur élégance camouflait à la perfection la précarité de leur situation. Malgré ses finances au plus mal, Vanessa n’avait pu s’empêcher d’acheter une tenue spécifiquement pour la soirée. Son dressing regorgeait pourtant de tenues de tous styles, de toutes saisons, qui lui allaient toutes comme un gant et qui auraient pu habiller la moitié des invités de la soirée. Elle n’avait pu résister. Parfaitement consciente d’augmenter son découvert, redoutant et connaissant à l’avance la réaction de son mari, elle fonctionnait parfois à l’encontre de ses intérêts. Elle s’autosabotait. Elle n’avait trouvé mieux que de solliciter Catherine pour l’accompagner dans les plus belles boutiques de Bordeaux.

Presque l’équivalent d’un mois du salaire de Bruno fut dépensé en quelques minutes seulement. Avec sa carte bancaire à débit différé, le paiement ne posa pas de difficulté en caisse malgré l’état du compte. Le bonheur et la jubilation ressenties au moment de l’essayage de la tenue, au demeurant superbe, furent d’une volatilité inouïe. À peine sortie du magasin, une douloureuse boule au ventre lui témoignait son désespoir et sa honte d'avoir agi ainsi. Sous prétexte d'être bien habillée pendant une poignée d'heures qui allaient se transformer en un éclair en simple souvenir, elle venait de mettre en péril la situation économique de son foyer. Elle envisagea un instant de retourner à la boutique pour se faire rembourser, mais renonça. Que penserait alors Catherine ? Et les vendeuses de la boutique ?

À son retour, Bruno montra finalement davantage de dépit que de colère.

— Vanessa, c'est toujours pareil. À chaque fois qu'on a des problèmes d'argent, tu te crois obligée de gaspiller le peu qu'il nous reste ! Je ne te comprends pas...

— Moi non plus. Je suis désolée.

Elle proposa à son mari de revendre sa tenue sur une plateforme de vente de vêtements d'occasion, et même de laisser l'étiquette -en la cachant pour la soirée- pour la vendre un peu plus cher, comme si elle n'avait jamais été portée. Il lui fallait juste veiller à ne pas la tacher. Il la prit dans ses bras.

— Ma chérie, il va falloir qu'on arrête un peu tout ça...

— Oui, mais tu vas peut-être retrouver du travail... J'ai parlé à Catherine. Et puis je vais gagner un peu plus aussi, maintenant.

— Tu t'épuises au travail, Vanessa. Beaucoup trop pour ce que tu gagnes.

— Mais comment peux-tu me parler comme ça ? Tu crois que c'est facile, pour moi ? Je développe une entreprise, l'argent ne vient pas comme cela, d'un coup de baguette magique...

— Ce n'est pas ce que je dis. J'ai été maladroit. Ce que je veux dire, c'est que tu mérites mieux, beaucoup mieux.

Bruno ne voulait pas blesser sa femme et souhaitait

secrètement qu'elle reprenne une activité salariée, avec plus de sécurité que l'entrepreneuriat. Le caractère hypothétique et aléatoire de ses revenus était pour lui une source de stress difficile à contenir.

En montant dans leur SUV, Vanessa et Bruno saluèrent brièvement la voisine aux chats qui répondit d'un léger sourire. Contrairement à eux, les choses mondaines étaient bien la dernière de ses préoccupations. Son quotidien était rythmé de ses allées et venues au parc et de ses courses pour s'alimenter et nourrir ses chats. Le shopping, les réflexions métaphysiques sur la tenue à porter, le cadeau à offrir, ce qu'on pensait d'elle, toutes ces choses n'entraient absolument pas dans son système. Le matériel représentait pour elle un concept totalement superficiel et futile. Elle semblait vivre avec presque rien et cela intriguait Vanessa. Une retraite probablement miséreuse, des vêtements d'un autre temps, même pas de voiture. Et pourtant, ni elle ni ses chats ne paraissaient malheureux. Au contraire.

17. Au domaine

Les invités se répartissaient entre la terrasse qui surplombait les vignes et la salle de réception où était disposé le buffet. Le soleil d'hiver illuminait subtilement la pierre dorée de la propriété avant de se coucher derrière les vallons.

Thibault redoutait le moment de la remise des cadeaux. De nature discrète, il n'appréciait pas être placé sur le devant de la scène et se trouver contraint de dévoiler ses émotions. Les remarques taquines de ses invités ne tarderaient pas à le chahuter. Le sujet récurrent concernait sa situation amoureuse. Il en voyait déjà certains l'interroger pour la millième fois sur l'existence d'une petite amie, et d'autres lui lancer des regards évocateurs traduisant leurs doutes sur son orientation sexuelle. La chose était taboue dans la famille Robillard ; JB et sa belle-mère dissimulaient parfois maladroitement leurs inquiétudes sur ce point. Tous deux attendaient avec impatience d'en avoir le cœur net. Thibault en était conscient et en jouait en laissant durer le suspense. Sur ce point, il était conforme au modèle souhaité et attendu par son entourage : il préférait les femmes. Laisser planer le doute était pour lui un moyen de faire entendre -peut-être bientôt- ses intentions quant à ses choix professionnels ; le moment venu, il pourrait annoncer les choses ainsi :

— Voilà, j'arrête le BTS, je ne veux pas travailler dans les affaires. (colère et stupéfaction)

— Et j'ai autre chose à vous annoncer : je ne suis plus seul. (angoisse)

— Je vais vous présenter ma petite amie. (soulagement)

JB, Catherine et sa mère eurent la délicatesse de transmettre leurs présents en aparté, pendant que les invités déposaient les leurs près du buffet. De sa grand-mère, il reçut un porte-clé qui indiquait la nature du cadeau. C'était une voiture. De Catherine et JB, il reçut une enveloppe. Dans l'enveloppe, une cession de parts de la société civile immobilière de la famille correspondant à la valeur d'un appartement neuf livré d'ici quelques mois.

— Merci papa, merci maman, merci grand-mère. C'est beaucoup trop, ce que vous m'offrez là.

— Thibault, cet appartement, tu en feras ce que bon te semble. Tu pourras l'habiter ou bien en faire un investissement locatif, répondit JB.

Catherine ne dit rien. Elle prit juste son fils dans ses bras. Une voiture, un appartement, c'était le début de l'indépendance pour Thibault. Elle se rappelait, émue, le jour de sa naissance. Bien que ne l'ayant jamais avoué, elle préférait avoir un garçon. Elle était comblée. Thibault était un gentil garçon. Adolescent, il avait pourtant vu ses relations se détériorer avec JB, qui se montrait beaucoup plus strict que sa femme dans son éducation. Il s'était notamment opposé à ce que son fils pratique le football, avec le faux prétexte de la dangerosité du sport et du risque de blessure. Thibault connaissait parfaitement la vraie raison du refus ; le football avait une connotation trop populaire et JB tenait à maîtriser les fréquentations de son fils. Catherine ne s'était quant à elle pas prononcée sur le sujet. Certaines choses étaient non négociables avec son mari. En outre, JB se montrait très exigeant au sujet des résultats scolaires. À son grand dam, Thibault ne brilla pas dans ce domaine. Au lieu d'une classe préparatoire aux grandes écoles de commerce, il se traînait péniblement en BTS, sans vocation, se demandant chaque jour ce qu'il faisait encore là. L'idée de JB était de lui ouvrir les portes des concours aux écoles accessibles après l'obtention du BTS. Ce n'était plus la "voie royale" comme il disait, mais c'était mieux que rien. Sauf que Thibault s'ennuyait à mourir dans sa formation et n'avait aucune envie d'entrer dans ce type d'école. Le monde des affaires le rebutait.

Son rêve était ailleurs. Il voulait faire du cinéma. Inventer des histoires. Les transformer en scénarios. Réaliser des castings. Construire et fédérer une équipe. Tourner. Associer l'image et le son. Créer des émotions. Coordonner le montage. Projeter le film dans une salle obscure. Quand viendrait la lumière, observer discrètement les visages des spectateurs. Être fier. Fier d'avoir déclenché des rires et des larmes, fier d'avoir offert une trêve dans le quotidien de toutes ces personnes présentes dans la salle.

À l'insu de ses parents, il lui arrivait de sécher les cours pour rejoindre un groupe d'amis qui partageaient la même passion. Ensemble, ils avaient déjà tourné quelques court-métrages amateurs. Pour passer à la vitesse supérieure, il envisageait désormais d'intégrer une école de cinéma, à Paris. Il avait réuni suffisamment d'argent sur ses comptes d'épargne pour la financer, en cas d'opposition de ses parents. Si la réaction de son père l'indifférait, il culpabilisait de ne pas avoir fait part de ses projets à sa mère. Pourtant, il savait qu'elle comprendrait. Mais il savait qu'elle serait triste. Et il savait que l'échéance approchait.

— Bruno, une coupe de champagne ? proposa JB.

— Oui, avec plaisir. Merci pour votre invitation à cette belle soirée.

— Je t'en prie, c'est normal.

JB se racla la gorge et prit Bruno par l'épaule pour s'isoler discrètement avec son ami.

— Dis-moi, je suis ennuyé au bureau en ce moment.

— Pas trop grave, j'espère ?

— Je crois que je vais avoir besoin de toi…

— Comment ça ?

JB fit part à Bruno d'un recrutement à venir dans son entreprise. Sa gestionnaire risque avait fini par démissionner et il était urgent de la remplacer. Son voisin avait à ses yeux les compétences requises.

— Tu es sérieux ? Je ne sais pas quoi dire… répondit Bruno.

— Eh bien, ne dis rien ! Catherine m'a expliqué que tu cherchais du travail, et moi j'ai besoin de quelqu'un pour ce poste. Qu'en penses-tu ?

— Je ne sais pas… Je ne connais pas grand-chose aux assurances, ni au risque d'ailleurs. Et je ne voudrais pas te décevoir.

— Bon écoute, voilà ce que je te propose : je t'envoie la fiche de poste dès que je rentre. Lundi soir avant notre séance avec le coach sportif, tu viens un quart d'heure plus tôt et on en parle.

— OK ! C'est… juste génial. Merci pour tout, JB.

Vanessa s'approcha d'eux, accompagnée de Catherine. JB attrapa sur le buffet près de lui deux autres coupes de champagne et les leur tendit.

— Allez, champagne ! Au nouveau job de Bruno ! Et j'ajouterais, à la réussite de notre brillante cheffe d'entreprise, n'est-ce-pas, chère voisine ?

Vanessa laissa éclater sa joie et sauta au cou de son mari. Bruno semblait totalement dépassé par les événements et remercia chaleureusement Catherine et JB. S'il n'avait pas encore accepté l'offre, il ne pouvait décliner une telle opportunité. JB le rassura sur le fait qu'ils ne travailleraient pas directement ensemble, afin de ne pas mélanger travail et amitié. Catherine était elle aussi soulagée pour ses voisins qui pourraient envisager un avenir plus serein. Ces moments-là la confortaient temporairement dans l'idée d'être restée mariée à JB. Elle le supposait sincère avec Bruno et elle lui trouvait un côté presque gentleman. Aussi, ce travail allait donner un second souffle à ses voisins et surtout les dissuader de déménager, ou, pire, de retourner à Paris. Sa relation amicale avec Vanessa lui était précieuse et indispensable. La perdre reviendrait à la plonger dans une grande solitude.

Au milieu de cette ambiance festive, les bulles de champagne aidant, ses pensées divaguaient. Elle voyait tout ce petit monde, les invités, son fils, sa famille, ses amis. Tous paraissaient heureux d'être là, de partager ce moment. Tous étaient beaux, élégants, prévenants, généreux avec Thibault. Le buffet était divin, le cadre sublime. Tout semblait parfait. En apparence du moins.

Elle observait ce joli monde, et réfléchissait à tous ces petits signes extérieurs du bonheur. Car elle savait que derrière la tenue luxueuse de Vanessa se cachait une grande détresse et des problèmes d'argent qu'elle avait honte de divulguer. Derrière le sourire de Thibault se dissimulait un homme secret, désemparé et en quête de sens. Derrière la générosité affichée de JB se tramait possiblement des intentions non avouées en vue de servir son intérêt. Quant à Catherine, elle avait cessé de tricher avec une part d'elle-même en dévoilant aux yeux de tous la vraie nature de ses cheveux. Mais sa posture se conformait toujours à ses codes sociaux. Derrière la femme élégante et distinguée, des sentiments confus et peut-être même des choses enfouies depuis de longues années étaient refoulés, qu'il serait un jour temps de révéler. À condition de trouver la force de déployer ses ailes pour dépasser les limites de sa cage dorée. Quitte à détruire définitivement le château de cartes.

18. L'histoire parallèle (IV)

Tel un cycle qui ne ralentit jamais, la routine quotidienne avait rapidement englouti les souvenirs joyeux, les bulles de champagne, les rires et les partages de ce week-end festif et mondain.

Catherine avait attendu que la maison soit vide, calme, pour se mettre en condition avant de franchir le pas. Elle attrapa le shaker -le vert- et avala d'une traite le smoothie qu'elle s'était concocté grâce au livre de recettes de son coach sportif. Puis elle s'éclaircit la voix et composa le numéro sur son téléphone. Ses mains tremblaient. Les battements de son cœur s'accéléraient. Comme une adolescente qui se rend à son premier rendez-vous amoureux.

L'histoire parallèle allait bientôt changer de dimension. Le virtuel s'apprêter à basculer dans le réel. La voix de velours d'Alex allait remplacer la finesse et la douceur de ses écrits.

Elle appuya sur le bouton. Une sonnerie. Deux sonneries.

— Catherine ?

Elle s'écarta du téléphone, le souffle coupé. Elle ferma les yeux et reprit doucement sa respiration.

— Catherine, tu es là ?
— Oui.
— Ça va ?
— Oui. C'est étrange d'entendre ta voix.

Elle se tut quelques secondes, puis reprit :

— Merci pour tes compliments sur la photo.
— Ils sont sincères.

Catherine était face à son miroir et se regardait, en passant la main dans ses cheveux et en souriant.

— Alex ?

— Oui…

— Non, rien.

— Cela te va bien aussi, les cheveux lissés.

— Ah, tu trouves ? Parce que j'ai finalement décidé de les laisser friser comme avant…

— Tes boucles t'allaient à merveille. Tu as bien fait : laisser faire la nature est toujours mieux. Tu dois être magnifique.

— Avec quelques rides quand même…

— Tes rides sont imaginaires !

— Moi je les vois. Je suis devant mon miroir et je les vois.

— Eh bien pour moi, elles sont invisibles. Parce que ce tu es à l'intérieur efface très largement ce que tu considères comme une petite imperfection.

— Tu es gentil de me parler comme ça, Alex, mais les années sont bien là. Et si un jour on se revoit, il faudra bien se rendre à l'évidence…

— Catherine, tu vas me trouver peut-être un peu idéaliste, mais j'ai une vision de la beauté qui n'est pas celle que notre société veut nous imposer.

Catherine était toujours face à son miroir et faisait quelques mouvements avec son visage pour observer ses pattes d'oie et ses rides naissantes sur le front. Puis elle reprenait une expression neutre, constatant que les marques de l'âge semblaient s'atténuer avec un regard inexpressif et presque triste. Alex poursuivit son argumentation. Pour lui, l'imperfection était une des composantes nécessaires à la beauté, car elle était synonyme de caractère et de singularité.

— La beauté brute, sans artifice, en quelque sorte. Je te rejoins là-dessus. D'ailleurs je me maquille très peu et je suis

toujours un peu agacée de voir des photos retouchées par des filtres sur les réseaux sociaux...

— Totalement d'accord avec toi. Tricher avec la nature et la réalité ne nous empêchera ni de vieillir, ni de mourir. Et je pense qu'on est bien plus heureux en acceptant cette idée qu'en étant dans le déni...

— Pourtant la majorité des gens font tout l'inverse...

— Notre société des apparences n'est qu'une énorme carapace, un leurre qui nous induit en erreur sur les vraies origines du bonheur.

— Cela fait du bien de parler de ces sujets avec toi...

— Et moi cela me fait du bien de me sentir aussi proche de toi, Catherine...

Elle ravala sa salive et laissa échapper une petite larme en clignant des yeux. Émue, elle réalisait combien elle et Alex avaient évolué, bien que séparés pendant de longues années, dans la même direction. Leur proximité et leur liberté de dialogue éveillaient en elle de nouvelles sensations. La femme mûre qu'elle était devenue n'avait rien perdu de sa sensualité. Bien au contraire.

— Alex, il faut que l'on continue à s'écrire.

— Il n'y a aucune raison pour que cela s'arrête.

— J'espère...

La sonnette retentit chez Catherine.

— Catherine ?

— Oui...

— Parle-moi de toi.

La sonnette retentit de nouveau. Elle s'approcha. C'était Vanessa. Elle lui fit un signe depuis la fenêtre pour la faire patienter.

– Alex ?

– Oui.

– Excuse-moi, ma voisine a sonné à la porte. Je crois qu'elle a besoin de me voir.

– Catherine ?

– Oui.

– Merci. Merci pour ces quelques minutes. C'est bon de te parler. Je t'écris vite. Et on s'appelle dès que possible. Je t'embrasse.

19. La conciergerie de Vanessa (I)

Vanessa se tenait sur le seuil de la porte de sa voisine, en état de stress. Le développement de son entreprise était tel que son agenda devenait ingérable. Son activité consistait à mettre en location courte durée des appartements et des maisons afin d'assurer une rentabilité à leurs propriétaires. Le potentiel touristique de la région, qu'elle avait bien identifié au départ, la confortait dans son idée d'avoir créé cette conciergerie. [1] Elle n'avait pas moins d'une quinzaine de maisons et appartements en contrat, répartis entre Bordeaux et Arcachon. Pour gérer ces secteurs, elle avait recruté du personnel en charge du ménage et des missions d'accueil des vacanciers. Catherine la secondait parfois pour des entrées et sorties de clients à Bordeaux. Cela était pour elle une opportunité de rencontrer du monde en dehors de son cadre familial et amical. À défaut de vraiment travailler, elle se sentait utile.

— Tu vas bien ? Je t'ai dérangée, tu étais au téléphone ?

— Mais non, tout va bien, Vanessa. Viens, entre.

Les deux amies prirent le temps d'un café dans le salon. Catherine, encore sous le choc de son échange avec Alex, écoutait à moitié Vanessa et peinait à se concentrer. Elle aurait aimé lui confier ce qu'elle vivait à distance avec Alex, ces retrouvailles inattendues qui avaient ravivé des sensations enfouies et une flamme jamais complètement éteinte. Elle aurait aimé lui partager qu'à l'approche de la cinquantaine, elle ne s'était jamais sentie aussi femme,

---

1. La conciergerie de Vanessa est une entreprise qui assure la gestion de propriétés mises en location courte durée.

qu'elle était en train de retomber amoureuse de son premier grand amour, qu'elle craignait de pénétrer sur le terrain glissant de la clandestinité, qu'elle avait peur de son mari, qu'elle ne pouvait s'empêcher de prendre ses distances avec lui, qu'elle ne l'aimait plus, qu'elle ne l'avait peut-être jamais aimé. Elle aurait voulu lui livrer ce qu'elle avait sur le cœur, mais se retint de le faire. Pour ne pas ternir l'image de JB, qui leur avait beaucoup apporté, pour ne pas la décevoir, pour ne pas avoir à dévoiler la mascarade de son mariage, et bien d'autres choses encore.

— C'est un peu la course aujourd'hui, dit Vanessa. J'ai rendez-vous pour une arrivée avec un client et une propriétaire vient de m'appeler pour que je récupère ces clés dans une heure… Je ne vais jamais y arriver.

— Pas de problème, dis-moi en quoi je peux t'aider et je m'occupe de l'un ou de l'autre !

— Génial… Dans ce cas plutôt la propriétaire si cela ne te dérange pas, elle n'habite pas loin et tu peux y aller à pied. Je la préviens de ton arrivée.

Catherine essaya de mettre en garde Vanessa sur sa charge de travail qui devenait difficilement soutenable. Elle redoutait pour son amie un épuisement qui pourrait la conduire au burn-out. Cette dernière niait pourtant catégoriquement être fatiguée. Débordée, oui, mais cela était normal durant la phase de croissance d'une jeune entreprise, selon elle. Tous les entrepreneurs passaient par là.

— Je serai toujours là pour toi, Vanessa. Mais je te trouve un peu surmenée ces derniers temps.

— Ne t'inquiète pas. Je gère. Encore quelques semaines chargées et après cela ira mieux.

— N'oublie pas de prendre soin de toi… C'est important.

— Ce n'est pas ma priorité aujourd'hui. Je dois d'abord atteindre un seuil de chiffre d'affaires, après quoi je pourrai recruter quelqu'un pour me permettre de me poser.

Vanessa savait que Catherine avait raison. Bien que toujours motivée et heureuse d'avoir créé son entreprise, elle avait le sentiment d'être happée par un quotidien qui lui échappait et d'avoir mis le doigt dans un engrenage. Il lui fallait développer son activité pour pouvoir s'entourer d'une équipe et alléger sa charge de travail. Mais son activité, pour croître, exigeait une disponibilité à toute heure. Les clients l'appelaient même en soirée, même le week-end. Ce qui semblait relever du bon sens pour une activité touristique prenait une ampleur à la limite du supportable. Vanessa n'avait plus de temps pour sa famille, et encore moins pour elle. Catherine avait déjà remarqué le problème lors de l'anniversaire de Thibault; son amie était en permanence sur son téléphone, soit pour passer des appels, soit pour surveiller ses messages. La charge mentale devenait omniprésente, tout le temps.

Catherine accepta de se rendre chez une propriétaire cliente de Vanessa, qui habitait de l'autre côté du parc bordelais. Le trajet à pied était agréable, surtout par beau temps. Arrivée sur le lieu du rendez-vous, elle sonna à la porte qui ne tarda pas à s'ouvrir. À ce moment précis, elle crut se pétrifier.

— Bonjour Catherine.

Avant d'être en capacité d'émettre un seul mot, même pour simplement dire bonjour, elle dut fermer les yeux quelques secondes, inspirer, expirer profondément. Elle ne rêvait pas. La personne qui se tenait sur le seuil de la porte était Anne. Anne, l'amie perdue de ses réunions de vente de cosmétiques qui avait mis en cause à l'époque la droiture et l'honnêteté de son mari.

— Bonjour, Anne. J'ai dû me tromper de porte...

— Non, tu ne t'es pas trompée. Je dois te remettre une clé. Allez, entre un moment, il ne fait pas chaud dehors.

Si Catherine peinait à dissimuler son trouble et sa gêne, Anne l'accueillit plutôt chaleureusement et presque amicalement. Elles discutèrent de Vanessa, de son entreprise, de son succès, de son implication, de son professionnalisme. L'atmosphère s'était peu à peu détendue. Après tout ce temps sans s'être jamais croisées, les deux anciennes amies se parlaient presque comme avant.

— Catherine, vas-tu accueillir les clients qui vont louer ma maison ou bien penses-tu que ce sera Vanessa ?

— Je serai probablement amenée à le faire, vu que je n'habite pas loin. Si tu es d'accord, évidemment.

— Bien sûr que je suis d'accord. Je sais que je peux te faire confiance. Je te fais visiter la maison ?

La maison était simple et chaleureuse à la fois. La pierre apparente, les cheminées dans le salon et dans les chambres, les hauts plafonds apportaient un charme et un cachet naturels. Pas besoin de fioritures en terme de décoration.

— Tu as une jolie maison. J'aime beaucoup. Les clients seront bien ici.

— C'est gentil. Après mon divorce, j'ai perdu mon emploi. J'ai eu la chance de retrouver rapidement du travail. Avec l'argent de la vente de la maison que nous habitions avec mon ex-mari et un prêt à la banque, j'ai pu acheter celle-ci.

Catherine ne répondit pas et lui sourit. Elle se doutait que le divorce d'Anne pouvait avoir un lien avec les histoires passées avec JB.

— La louer pendant mes absences me permet de gagner un peu d'argent pour payer mes charges. Dans mon malheur, j'ai eu la chance de divorcer suffisamment tôt pour acheter quand les prix de l'immobilier à Bordeaux étaient encore raisonnables… Voilà, je te montre la salle de bain et on aura fait le tour.

— Je vois que tu utilises toujours les produits que je vendais à mes réunions ?

— Oui, c'est vrai ! Je suis restée fidèle à cette marque. Tu n'as jamais repris cette activité ?

— Non.

— C'est dommage. On a passé de chouettes moments chez toi. J'aimais bien cette époque.

— Moi aussi.

— Mais alors, pourquoi as-tu arrêté ?

Le visage de Catherine s'assombrit et son expression traduisait sa gêne.

— Non, ne me dis pas que c'est à cause de ton mari ?

— J'ai arrêté pour plusieurs raisons.

— Je vois. Désolée pour mon indiscrétion.

— Ce n'est pas grave. C'est du passé.

Anne acheva la visite en montrant à Catherine quelques éléments techniques importants pour la location de la maison.

— Tu connais tout de ma maison, maintenant. As-tu cinq minutes pour prendre un thé avant de rentrer chez toi ?

— Avec plaisir ! Quand j'y pense, le monde est vraiment tout petit, dit Catherine. Je m'attendais à tout sauf à tomber sur toi.

— Logique… En revanche, quand Vanessa m'a parlé de sa voisine, je n'avais pas vraiment de doute !

Catherine esquissa un sourire.

— Sans rancune ? lui demanda-t-elle.

— Mais non, voyons. Je ne peux pas t'en vouloir de quoi que ce soit. Au contraire. La situation était complètement alambiquée.

Catherine se tut un instant, soudain envahie par le doute.

— Pardon, Catherine. Peut-être souhaites-tu éviter de revenir sur cette histoire ?

— Je ne sais pas quoi te dire. J'ai cru mon mari sur parole. Même s'il est loin d'être parfait. Et j'ai mis ta version en cause.

— Et aujourd'hui, que veux-tu ? Rester sur ta position ou bien entendre ce que j'aurais à te dire ? Parce qu'en réalité, tu aurais de vraies raisons de m'en vouloir...

— Comment ça ?

— Je pense que tu es quelqu'un de bien, Catherine. Une personne fiable, honnête et loyale. Ce n'est pas le cas de tout le monde. Mais là, je t'en ai déjà trop dit.

Anne lui demanda de patienter un moment et se leva. Quelques minutes plus tard, elle revint avec un objet dans les mains.

— Qu'est-ce-que c'est ? demanda Catherine.

— Écoute, je crois que tu as droit à la vérité. Je prends le risque de te choquer et de me faire haïr jusqu'à la fin de ma vie...

Anne tenait entre ses mains l'agenda de JB, qu'elle lui avait subtilisé à l'époque où elle travaillait avec lui. Sans dire un mot, elle le tendit à Catherine qui la fixait droit dans les yeux, entre appréhension et détermination. Dans la couverture, elle retira de nombreuses cartes de visite. Quelques-unes appartenaient probablement à des contacts professionnels de JB, rien d'anormal jusque-là. Ce sont les autres cartes qui attirèrent son attention. Avec stupéfaction, elle les découvrait une à une : Novotel, Mercure, Burdigala, et même la Corniche au Pyla-sur-Mer. Que des hôtels de Bordeaux ou de la région. Rien à voir avec des déplacements professionnels donc.

Elle releva la tête en direction d'Anne, qui regrettait presque d'avoir dévoilé une partie de la vérité.

— Je t'ai menti, Catherine, à l'époque.

— Tu m'as menti ?

— Pas de la manière que tu crois.

— C'est-à-dire ?

— Regarde les pages de la semaine du 15 février...

Catherine feuilleta l'agenda jusqu'à cette date. Tous les jours étaient barrés avec un trait en diagonale au-dessus duquel était inscrit le mot “séminaire Lyon”. Elle regarda Anne d'un air interrogatif.

— Je ne vois pas le problème. JB partait parfois en séminaire, en effet.

— Il ne partait pas en séminaire. Il mentait même à son agenda. Juge par toi-même.

Anne lui tendit deux cartes d'embarquement pour Venise sur les dates qui correspondaient. Les noms qui figuraient étaient le sien et celui de JB.

— Je suis désolée. Je t'ai menti éhontément. Lâchement. Je précise que tout cela s'est passé bien avant que je te connaisse.

Anne ravala sa salive. Lancée dans les explications, elle ne pouvait s'arrêter et poursuivit.

— Je veux aussi que tu saches autre chose : pendant nos réunions chez toi, je ne me doutais absolument pas que j'entrais dans la maison de JB. Je n'ai compris que le jour où il est arrivé plus tôt que d'habitude.

— Continue.

— JB n'a pas seulement tenté de me séduire. Il a aussi réussi. Au début je résistais car je le savais marié. Mais quand il m'a annoncé que son couple battait de l'aile et qu'il envisageait de divorcer, j'ai cédé. Un jour, il m'a invité à dîner pour m'annoncer que cette fois, c'était bon. Il t'avait tout dit. C'était fini. Puis il m'a tendu un billet d'avion pour Venise. Nous sommes partis en voyage.

Anne se leva et se servit un verre d'eau. Elle s'assit dans le canapé en regardant vers le bas, n'osant affronter le regard de Catherine, puis poursuivit ses explications.

— À l'hôtel, j'ai surpris une conversation téléphonique.

Visiblement il parlait tout à fait normalement à sa femme, enfin, à toi, et abordait son prochain retour à la maison. Quand il est parti prendre sa douche, j'ai consulté son agenda et j'ai vu qu'il avait écrit "séminaire Lyon". Rien à voir avec Venise. J'ai compris qu'il m'avait menti.

Anne, concentrée, évitait toujours de relever ses yeux en direction de Catherine. Elle expliqua avoir confronté JB à sa sortie de la salle de bain. Il reconnut avoir partiellement enjolivé les faits, reconnaissant qu'il n'avait pas quitté sa femme mais qu'il en avait bien l'intention.

– Il a eu le culot d'ajouter que tout était ma faute, que je lui avais mis la pression et qu'il avait été obligé de mentir pour que j'accepte de le suivre à Venise. J'en ai déduit qu'il se fichait de moi depuis le début, que je n'étais finalement qu'une histoire de sexe, rien de plus. Quand je lui ai dit que c'était terminé entre nous, il m'a fusillée du regard et m'a dit des mots que je n'oublierai jamais : *je te paie des restos, et même un voyage à Venise pour entendre ça ? Très bien, puisque c'est ainsi, sache que je vais t'en faire baver comme jamais tu ne pourrais l'imaginer...*

Anne, sans entrer dans les détails, fit part à Catherine de l'enfer qu'il lui fit endurer au travail.

– Je peux te dire que cette promesse-là, il l'a tenue ! Mise au placard, je me voyais confier les tâches les plus ingrates. Je lui apportais le café, il le renversait devant moi, m'obligeait à essuyer le sol sous ses jambes en me traitant de ce que tu imagines. Il me donnait du travail cinq minutes avant ma débauche et si je ne le rendais pas dans les temps, me faisait remarquer mon incompétence qui pourrait un jour être qualifiée de faute professionnelle. Je n'en pouvais plus. Le médecin m'a arrêtée. J'ai vu un psy. Pour lui cela ne faisait aucun doute : j'étais victime de harcèlement sexuel.

Catherine en avait assez entendu. À son tour elle se servit elle aussi un verre d'eau et fixa du regard Anne qui semblait complètement vidée.

— Tu ne me crois pas... demanda Anne.

— Bien sûr que si. À quoi bon mentir tant d'années après ? Je réalise juste que je suis complètement à côté de la plaque depuis toujours.

— J'ai voulu porter plainte. Mais j'étais anéantie. J'avais quitté mon compagnon. Toute ma vie avait volé en éclats pour lui. Le temps de régler les affaires du divorce, je payais seule mon loyer. Mes enfants étaient complètement paumés par ma faute.

— Il t'a donné de l'argent, c'est ça ?

— Oui. Pour acheter mon silence et me pousser à démissionner. J'ai lâchement accepté. Je ne me le pardonnerai jamais.

— Ne dis pas ça. Tu as agi sur le moment dans un contexte difficile pour toi. C'est tout.

— Sauf qu'en acceptant l'argent, je montrais ma cupidité et j'acceptais d'entrer dans son jeu. J'étais complice. Du mauvais côté.

Catherine était à la fois bouleversée et pas si surprise de ce qu'elle venait d'entendre, comme si, inconsciemment, elle avait toujours su. L'histoire datait de près de dix ans. Elle avait envie de croire, malgré quelques doutes, qu'il s'agissait d'un épisode isolé. Anne eut la bienveillance de la conforter dans son idée, puisqu'il était resté marié. Elle lui demanda également de rester discrète pour ne pas avoir d'ennuis avec JB.

Le ventre noué, Catherine traversa le parc dans l'autre sens pour rentrer chez elle. Ces dernières heures avaient été particulièrement éprouvantes et cela se lisait sur son visage. Le déroulement de cette journée pas comme les autres parcourut ses pensées. Elle se rappela soudain l'appel d'Alex, avant de partir, et surtout un détail : dans la précipitation, elle avait oublié de se déconnecter de sa messagerie et d'éteindre l'ordinateur. Il lui fallait accélérer le pas pour arriver chez elle avant son mari. L'idée qu'il découvre ses échanges avec Alex la terrorisait. Dans le parc, aux abords du lac, la dame aux chats, qui lançait des miettes de pain aux oies et aux canards, la salua, intriguée par son attitude inhabituelle. Catherine ne répondit pas. Elle ne voyait rien d'autre que le chemin qui lui restait à parcourir jusqu'à chez elle. Comme dans un mauvais rêve où les jambes ne répondent plus à la nécessité d'accélérer, les derniers mètres lui semblaient interminables.

La panique la gagna lorsqu'elle ne parvint pas à tourner la clé dans la serrure. Aucun doute, JB était rentré. Elle devinait le bruit de ses pas qui avançaient tranquillement pour lui ouvrir la porte et redoutait le pire.

— C'est bête de laisser la clé dans la serrure, n'est-ce pas ?

— En effet, répondit-elle avec un sourire forcé. Tu as passé une bonne journée ?

— On va dire que oui, à peu près... Tu étais où ?

— J'étais occupée sur une mission pour Vanessa.

— Encore ? Si ça continue elle va bientôt te faire faire le ménage !

Catherine ne répondit pas et se dirigea, l'air innocent, vers l'ordinateur. Elle dissimula intérieurement son soulagement lorsqu'elle constata qu'il était en veille. Discrètement, elle saisit la souris pour réactiver l'écran, se déconnecta de sa messagerie, éteignit l'ordinateur mais n'eut pas le temps d'effacer l'historique.

— Qu'est-ce que tu fais ?

— Rien, j'éteins l'ordi.

— Ah ?

— J'avais oublié de le faire avant de partir.

— Tu vas sur l'ordi maintenant, toi ?

— Ça m'arrive, oui.

— Ah bon, c'est nouveau ça... Comme ta coiffure

d'ailleurs !

Elle ne releva pas la remarque de JB, s'installa en cuisine pour préparer le repas et lui changer les idées, comme si de rien n'était. Avec une petite cuillère, elle lui fit goûter la sauce qu'elle avait cuisinée avec une blanquette de veau préparée à l'avance. Sa moue signifiait son approbation mais sans l'emballement habituel devant un de ses plats préférés.

— Je trouve que tu passes beaucoup de temps avec Vanessa.

— Oui, c'est vrai.

— Trop de temps.

Catherine s'étonna de cette remarque, que JB s'empressa s'argumenter.

— Je pense qu'elle profite de toi. Elle sait que tu n'as pas besoin d'argent et te fait travailler bénévolement.

— Mais non, pas du tout. Ça me permet de sortir un peu.

— Sortir pour quoi faire ? Tu ne manques de rien ici, je crois que tu as tout ce que tu veux ?

— Cela me fait du bien de voir du monde.

— Tu ne vas pas recommencer avec ta lubie de vouloir bosser ?

Comme si son entrevue avec Anne lui avait donné de la force, la peur de Catherine semblait céder sa place à une forme de colère qui s'apparentait à une rébellion inédite. Pour la première fois depuis vingt ans, elle s'adressa à son mari avec un ton ferme, presque assuré.

— Ce n'est pas parce que tu gagnes très bien ta vie que je suis condamnée à rester à la maison.

— Allez, c'est reparti avec la théorie de l'indépendance financière ! C'est ta voisine qui t'a monté la tête avec ça ?

— Arrête, JB, s'il te plaît. Ce sont nos amis.

— C'est ça. Je vois bien que depuis qu'ils sont là tu évolues bizarrement.

Catherine se retourna vers sa plaque induction dont le minuteur venait de sonner. Sauvée par le gong, elle pouvait ainsi tourner le dos à son mari afin qu'il ne perçoive pas l'expression de son visage. L'angoisse disparue pendant quelques secondes était revenue telle un boomerang et lui serrait la gorge. JB avait donc observé un changement, se disait-elle, mais il l'attribuait à l'arrivée des voisins, pour le moment.

Elle devait redoubler de vigilance. Son mari était particulièrement perspicace et rusé ; au moindre faux pas de sa part, la vérité sur Alex pourrait éclater soudainement. Le sujet la taraudait chaque jour davantage. Que se passerait-il s'il apprenait ses échanges avec Alex ? La réponse, au fond, elle la connaissait. Il se ferait passer pour un mari trahi, bafoué et blessé. Il pourrait lui pardonner, peut-être, mais sous conditions. Tout ce qui lui importerait serait de sauver les apparences. Faire bonne figure. Passer pour le bon mari. Comme toujours. JB avait toujours fonctionné ainsi. Mais en privé, il se montrerait plus menaçant. Il lui interdirait de voir Alex, et même de communiquer avec lui. Il l'empêcherait d'avoir une vie sociale, de travailler, de croiser un peu de monde. Il la ferait culpabiliser et parviendrait une fois de plus à obtenir la bénédiction de sa belle-mère. Il mettrait tout en œuvre, absolument tout, pour sauver son honneur, quitte à la détruire à petit feu. Catherine pourrait, certes, se servir des informations relatives à Anne, pour faire pression sur lui ; mais tel n'était pas son mode de fonctionnement, à elle. Elle avait donné sa parole à Anne quant à sa discrétion. Donc elle tiendrait parole. Elle était honnête et intègre, elle. Les écarts qu'elle se permettait en communiquant secrètement avec Alex étaient complètement anecdotiques au regard des actes de JB.

La nuit qui suivit fut réparatrice, après la journée aux

allures de montagnes russes qui venait de s'écouler. Les correspondances avec Alex procuraient à Catherine de nombreux bienfaits et parfois même de doux rêves qui lui offraient de s'enfuir temporairement de sa réalité. Elle préférait communiquer par écrit plutôt que par téléphone. Elle trouvait cela plus romantique et surtout, la trace écrite lui offrait un luxe : celui de pouvoir relire ses messages.

Avant de se coucher le soir, discrètement, souvent enfermée dans la salle de bain, elle relisait ses e-mails depuis son téléphone, plusieurs fois. Elle s'imprégnait de sa vision du monde, tellement juste et lucide et elle savourait ses mots délicats lorsqu'il lui écrivait qu'elle était belle, de l'intérieur comme de l'extérieur. Ces phrases-là lui faisaient presque l'effet de se blottir dans ses bras. Et elle en avait tellement besoin. Elle ne se souvenait plus quand un homme l'avait prise dans ses bras. JB la prenait mécaniquement pour assouvir ses besoins mais ne la serrait jamais tendrement contre lui. Et quand bien même il aurait eu cette délicatesse, seuls les bras d'Alex pouvaient lui offrir un sentiment de bonheur et de plénitude absolus.

20. L'histoire parallèle (V)

Alex,

Je suis désolée de t'avoir laissé un peu soudainement au téléphone la dernière fois.

J'ai repensé à ce que tu disais sur la beauté. Là encore, j'aime bien ta manière de voir les choses. Parfois, je m'amuse à photographier des objets ou des lieux, en cherchant le beau dans le laid ou l'insolite dans l'ordinaire. C'est souvent la différence qui apporte, comme tu le dis, la petite touche qui change tout. L'autre jour, au parc Bordelais, j'ai photographié un espace de verdure rempli de marguerites, avec un coquelicot qui se trouvait tout seul au milieu de ces dizaines de marguerites. L'harmonie et la beauté de cette photo sont dues à ce coquelicot. C'est grâce à sa présence que l'œil ne s'ennuie pas, que l'image capte l'attention. C'est lui qui apporte une touche d'originalité, juste parce qu'il est différent de ce qui l'entoure.

Alex, je passe du coq à l'âne... Je voudrais te demander quelque chose, mais sans être trop indiscrète : as-tu quelqu'un dans ta vie ?

Je te laisse, je vais me servir un café. Mais je sens déjà que je vais revenir dans moins de dix minutes pour voir si tu m'as répondu... J'espère à très vite, Catherine.

Catherine,

Tu as ce truc indescriptible, cette sensibilité dans la perception des choses, cette innocence ou plutôt cette pureté associée à une lucidité d'une extrême finesse qui fait de toi une femme hors du commun. Ce truc qui fait qu'on se comprend si bien, tous les deux.

Ce matin, j'ai dû me connecter presque en même temps que toi. J'étais en train de t'écrire lorsque j'ai vu la notification indiquant la réception d'un nouveau message; tu m'as devancé de quelques secondes, je pense ! J'ai tout effacé, je me suis précipité pour te lire.

J'aimerais bien que tu me montres les photos que tu prends. L'idée de transcender l'ordinaire pour en faire du beau m'intéresse. Je trouve aussi ta manière d'appréhender la notion de différence sensible et pertinente avec l'image du coquelicot. Quand j'ai lu tes mots, je me suis rappelé le bal où nous nous sommes rencontrés. Toutes les filles n'étaient que marguerites et toi, tu étais le coquelicot. Je me souviens à quel point je m'étais senti comme hypnotisé ce jour-là. Et je t'avoue que depuis que tu me dis que tu as redonné la liberté à tes cheveux en les laissant boucler, je me suis laissé porter par mon imagination ; je me suis vu comme avant, quand tu posais ta tête sur mes genoux et que je passais mes doigts dans tes jolies boucles. Tu vois, le bonheur ne tient pas à grand-chose.

Pour te répondre, je n'ai personne dans ma vie. Je ne dois pas être très doué pour la vie de couple. Je suis indépendant, désordonné, et pas toujours de bonne humeur !

Catherine, je vois que tu es connectée... Appelle-moi maintenant si tu veux, j'ai une ou deux minutes avant de partir à la fac.

À tout de suite... Alex.

— Alex ?

— Tu es décidément mon rayon de soleil...

— J'aime beaucoup les échanges que nous avons. J'ai l'impression que je ne peux pas parler de toutes ces choses à n'importe qui. Toi tu comprends.

— On s'est toujours bien compris, tous les deux.

— C'est vrai. Mais parfois j'appréhende.

— De quoi as-tu peur ?

— Que cela s'arrête.

— De quoi parles-tu ?

— De tout ça. De nos discussions.

— Pourquoi veux-tu que cela s'arrête ?

— Je ne sais pas. Je me demande juste où cela va nous mener.

— Catherine ?

— Oui.

— Sais-tu seulement où ta vie te mène ?

— Non.

— Voilà. Tu as tout dit. Même dans une vie réglée -en apparence- au millimètre, personne ne peut savoir de quoi demain sera fait.

— Oui, je sais. Mais avant, j'avais l'impression que tout était plus ou moins tracé.

— Ce n'est qu'une illusion, Catherine, une idée qui part d'un système où tu coches des cases : tu te maries, tu as des enfants, vous gagnez votre vie, vous achetez une maison, ton mari rentre du travail le soir, et tout ça continue tranquillement.

— Les habitudes et le confort matériel rassurent, c'est vrai...

— Oui, mais à tort. Tout peut se gripper à tout moment. Vivre est dangereux. Par définition.

— Tu as raison. Rien ne sert de savoir où cela nous mènera. En fait, je crains juste que mon mari découvre nos échanges.

— Tu ne fais rien de mal...

— Je t'écris en cachette.

Alex réalisa l'inconfort et la situation dans laquelle se trouvait Catherine. Porté par ses émotions, il culpabilisait d'avoir sous-évalué à quel point leur histoire parallèle n'était pas qu'épistolaire : elle était aussi réelle.

— Alex ? Tu es toujours là ?

— Je suis là. Tu es mariée. Mon cœur me l'a fait oublier, mais je dois revenir à la raison. Bien sûr je te comprends.

— J'ai peur que nos correspondances cessent, Alex, et puis j'ai peur de mon mari. Enfin, pas de mon mari, je veux dire plutôt peur qu'il découvre tout ça...

— Veux-tu que l'on fasse une "pause" ? Pour que tu prennes un peu de recul ?

— Oh non ! Je veux que cela continue. J'assume mon jardin secret. Tout le monde a le droit d'avoir un jardin secret.

— Prends soin de toi, Catherine. Ne prends pas de risques. Tu peux tout me dire. Je comprendrai.

— Tu vas devoir aller travailler, non ?

— Oui... Je t'embrasse. Promets-moi que tu feras bien attention à toi.

— Alex ?

— Oui...

— Non, rien. Je t'embrasse moi aussi.

21. Un nouveau bureau

Bruno avait intégré la compagnie d'assurances dirigée par JB. Son bureau, aménagé avec goût, bénéficiait de la lumière naturelle grâce à une baie vitrée bien exposée. Pendant longtemps habitué à de nombreux déplacements sur la route, il réalisait combien un environnement de travail confortable était pour lui essentiel. Dans ce changement de quotidien assez soudain, il appréhendait toutefois, au début, la routine d'une vie de bureau ultra-sédentaire, qui tranchait radicalement avec sa vie nomade d'avant. Après quelques jours de mise en route et d'acclimatation, il s'en accommoda finalement sans difficulté.

JB avait tenu à ce que le processus de recrutement habituel soit respecté pour son embauche, afin de faciliter son intégration et de faire en sorte qu'il ne soit pas catalogué comme étant pistonné par le grand directeur. En outre, son bureau étant géographiquement suffisamment éloigné du sien, ils seraient juste amenés à se croiser occasionnellement. JB voulait éviter toute forme de copinage au travail et avait demandé à son ami de ne pas le tutoyer devant les autres collègues.

Bruno était désormais analyste risque. Sa capacité d'adaptation, sa curiosité et ses compétences avaient facilité son immersion dans des fonctions qu'il n'avait jamais occupées auparavant. Il fut chaleureusement accueilli par ses collègues et en comprit rapidement la principale raison : son poste était resté vacant durant de longs mois. La personne qui occupait cet emploi avant lui était en arrêt de travail, puis en congé sabbatique, avant de démissionner. Les collègues allaient ainsi se trouver allégés d'une charge de travail qui avait été plutôt inégalement répartie entre eux.

— On est content de voir ce bureau enfin occupé ! dit l'un des collègues.

— Tu m'étonnes..., confirma un autre.

— Bon, tu verras, monsieur Robillard est un peu spécial parfois, limite autoritaire.

— Oui, enfin c'est moins gênant maintenant qu'il est parti à la Direction Générale.

— C'est vrai, il n'est pas souvent au bureau. On est plutôt tranquille.

— Cela fait un an que ce poste est inoccupé, si je comprends bien ? demanda Bruno.

— À peu près, oui. Julie, notre ancienne collègue, a eu un grave accident de la circulation. Elle n'est jamais revenue travailler.

— Et elle a bien fait.

— Pourquoi ? demanda Bruno.

— Robillard la méprisait et cela s'est mal passé avec lui. Juste avant son accident, il l'avait mise publiquement plus bas que terre en pleine réunion. Je suis certain que son accident n'aurait jamais eu lieu si elle n'était pas partie aussi précipitamment.

— De toute façon, il méprise toutes les femmes. Toi, tu n'auras pas de problème.

Bruno, embarrassé d'entendre ce déballage vis-à-vis de son ami, qui lui avait évité les galères de la recherche d'emploi, prétexta vouloir se mettre rapidement au travail pour stopper cette conversation. Il réalisait aussi l'importance de demeurer particulièrement discret concernant son rapport à JB.

Garder une certaine distance lui fut relativement aisé,

jusqu'au jour où il fut convié à un comité de direction afin de présenter son rapport d'analyses sur la dernière période. Face à lui se trouvaient tous les directeurs de l'entreprise, dont JB. Bruno devait à la fois faire ses preuves, car toujours en période d'essai, et considérer JB comme le grand directeur et non comme un ami. Il lui fallait se concentrer sur sa présentation, sa posture, et surtout sur le vouvoiement de rigueur à l'égard des directeurs.

Bruno assura sa mission avec brio et parvint à convaincre son auditoire de ses compétences. Commercial pendant des années, il avait développé une certaine aisance à l'oral doublée d'une capacité à convaincre plutôt efficace. Il se souvint de la remarque de JB en aparté pendant l'apéritif qui clôturait la réunion :

— Tu as été parfait. Je savais que tu étais la bonne personne ! Bravo, Bruno.

— Merci, je peux te dire que je suis sacrément soulagé. J'avais un peu la pression.

— Tu as su la gérer. Continue.

— Et puis j'ai aussi l'impression de jouer un double jeu. Je te connais mais je dois un peu le cacher. Je m'y ferai avec le temps.

— Oh oui, tu t'y feras, tu verras !

En fin de journée, Bruno récupérait ses enfants à la garderie car Vanessa était encore occupée avec son travail. Une nouvelle organisation se mettait en place au fil des jours. Sa femme gérait les enfants le matin, lui le soir et même de plus en plus souvent les week-ends. Vanessa était très sollicitée par ses clients les samedis et dimanches. Un matin, le ton monta.

— C'est logique, Bruno, je travaille dans le tourisme.

— Oui, mais on ne te voit plus...

— Je t'ai déjà expliqué que c'était l'histoire de quelques semaines, que dès que j'aurai atteint un certain seuil, j'allais pouvoir déléguer un peu.

— Et ce fameux seuil, c'est pour quand d'après toi ?

— Comment veux-tu que je le sache ?

— Mais enfin, Vanessa, on ne peut pas continuer comme ça !

Vanessa peinait à justifier son implication sans limite dans son travail et à faire admettre à son mari que telle était la réalité de tout chef d'entreprise. Elle se projetait sur le long terme, et lui percevait surtout une situation critique à très court terme.

— Arrête, s'il te plaît. C'est trop. Trop pour nous, trop pour toi, trop pour ce que tu gagnes, lui répondit-il.

— Très bien, puisque tu le prends comme cela, je vais prendre l'air !

Vanessa prit sa veste, son sac à main et se dirigea vers la porte d'entrée.

— Attends. Reste. Je suis désolé. On a déjà eu cette conversation. C'est courageux tout ce que tu entreprends. Mais ça me fait peur.

— Mais pourquoi ?

— J'ai peur pour l'argent, Vanessa. J'ai un job, grâce à JB. Mais mon salaire, même s'il est correct, est fixe. C'est fini les primes sur objectif, les notes de frais et tout le reste.

— Oui, et alors ?

— On est limite, très limite. Si on a un pépin on ne peut plus rembourser le crédit de la maison.

— Tu veux quoi, Bruno ? Que j'arrête tout ? Qu'en pleine croissance, je lâche mon entreprise, c'est ça ?

— Je pense que tu t'épuises et je ne suis pas certain que ton activité soit un jour rentable.

— Tu es sérieux ? Elle va le devenir, rentable ! Mais pour ça je dois travailler plus que la moyenne, c'est tout.

— OK. Et pour les vacances, on fait comment ?

— Quelles vacances ? Tu viens de signer ton contrat de

travail, tu ne peux pas prendre de congés pendant un moment, non ?

— JB m'a autorisé à poser une semaine au printemps.

— Il est sympa.

— Je vais prendre une semaine en avril pendant les vacances de Pâques.

— C'est bien.

— Et toi, tu pourras te libérer ?

— En avril cela m'étonnerait. C'est compliqué dans le tourisme de s'arrêter quand les gens sont en vacances...

— Même juste un week-end prolongé ?

— Je viens de t'expliquer que la nature même de mon travail est d'être là quand les gens se reposent. Sois patient, Bruno, s'il te plaît.

Dans le fond, Vanessa comprenait les préoccupations de son mari. Son entreprise remportait un franc succès commercial, grâce à son dynamisme et son sérieux. Elle avait su gagner la confiance de ses clients au point que ces derniers la recommandaient et lui apportaient de nouveaux contacts. Seulement, financièrement, les choses étaient plus complexes. Pour assurer la gestion simultanée de plusieurs appartements et maisons, elle n'avait que deux alternatives : rémunérer ses prestataires pour les accueils et ménages, ou bien gérer elle-même ces missions. La dernière option était devenue impossible, avec plus de quinze logements en portefeuille. Donc elle comptait sur ses prestataires et cela avait un coût, ce qui était logique et normal. Et sa marge bénéficiaire se trouvait réduite à l'état de peau de chagrin.

En quête de solutions, elle se souvenait de la discussion qu'elle avait eue avec son expert-comptable.

— C'est le volume qui vous fera gagner de l'argent.

— Vous voulez dire le nombre de logements gérés ?

— Oui, et leur rentabilité. Il vous faut des logements de

standing que vous louez suffisamment cher, suffisamment longtemps, afin que les charges de personnel, qui sont fixes, soient lissées, ce qui pourra vous assurer une marge satisfaisante.

— Vous me conseillez de renoncer aux petits logements ?

— En effet. Ou bien de renégocier la rémunération de vos prestataires. Vous les payez un peu cher, je trouve...

— Mais c'est un travail physique et difficile, qui demande de la disponibilité !

— Oui, je l'entends. Mais vous, pendant ce temps ? Tout le monde gagne sa vie -propriétaires, prestataires-, sauf vous ! Je vous conseille de revoir rapidement votre modèle économique pour ne pas vous retrouver sous l'eau...

Vanessa ne voulait pas réduire la rémunération de son personnel. Sa seule issue était donc de signer de nouveaux contrats avec de belles propriétés. C'est là que l'engrenage s'avérait redoutable ; plus de contrats, c'était certes une chance de devenir rentable. Mais c'était surtout le risque fortement accru de multiplier les problèmes et la charge mentale : toujours plus d'appels de clients, plus d'incidents à gérer, plus de problématiques de personnel à prévoir. Prendre des vacances ou passer un week-end déconnectée de l'ordinateur ou du téléphone lui était devenu totalement impossible.

22. Un dimanche en famille (II)

La mère de Catherine n'avait pas assisté à la messe, prétextant une petite forme. Elle en avait profité pour cuisiner un tournedos de bœuf façon Rossini avec un excellent foie gras. JB reconnut le plat dès le seuil de la maison, grâce aux effluves qui semblaient se promener de pièce en pièce. Catherine trouva sa mère pâle, avec une petite mine.

— As-tu vu ton médecin, maman ?

— Ce n'est rien, Catherine. Je suis juste fatiguée.

— Tu aurais dû me le dire, je t'aurais aidée à tout préparer.

— Ne t'inquiète pas, ça va. Tu es gentille. Et j'adore cuisiner, tu le sais bien.

La mère de Catherine se retourna pour se diriger vers la cuisine, puis marqua un temps d'arrêt en se tenant la tête.

— Tu es sûre que ça va ?

— Je viens de te dire que j'étais fatiguée ! Mais j'arrive encore à me débrouiller toute seule... répondit-elle sèchement.

Thibault se leva pour aider sa grand-mère à apporter les plats dans la salle à manger. Puis les discussions s'amorcèrent comme tous les autres dimanches.

— JB, racontez-moi, ce travail : directeur général, ce n'est pas rien ! Tout se passe bien pour vous ?

— Oui, je m'en sors plutôt pas mal, je crois. Tiens, je viens d'ailleurs de recruter notre voisin.

— Pour remplacer celle qui a mis un an à démissionner, c'est ça ?

– Absolument. J'espère qu'il fera l'affaire. Le pauvre type s'est complètement fait avoir en quittant Paris. Il a tenu à peine six mois avant de se faire virer !

La mère de Catherine fit une mimique qui témoignait de son admiration pour JB, à qui revenait tout l'honneur de sortir son voisin d'un mauvais pas malgré ses échecs. JB lui répondit que le travail qui lui serait confié n'était pas spécialement difficile et que son futur collaborateur n'était pas plus bête qu'un autre.

– C'est bien d'aider les personnes en difficulté comme vous le faites, continua la mère de Catherine. Cela ne m'étonne pas de vous.

– Bruno n'était pas en difficulté, intervint Thibault.

– Vu ce que dit ton père, je pense qu'il lui a quand même sauvé la mise ! répondit la mère de Catherine. Avec sa femme qui vivote depuis qu'elle a créé son entreprise, il était dans une situation difficile.

– Elle ne vivote pas, elle se lance. Moi, je la trouve courageuse, interrompit Catherine.

– Oui, admettons, mais quoi qu'il en soit, c'était important que le chef de famille ne soit plus au chômage. JB, vous avez agi de manière généreuse et responsable.

– Grand-mère, si ça se trouve, demain c'est elle qui ramène le gros salaire grâce à son entreprise, répondit Thibault.

– Ça m'étonnerait ! dit JB en ricanant.

– Mais papa, pourquoi veux-tu toujours que la femme passe au second plan ! Vanessa peut réussir et elle en a parfaitement le droit !

– Thibault, enfin ! s'exclama la mère de Catherine.

Thibault ravala sa salive et se tut, mais sa colère demeurait perceptible. Oser contrer son père en présence de sa grand-mère provoqua un léger malaise durant le repas. La mère de Catherine relança la conversation pour rompre le silence.

— Alors, dis-moi, Thibault, comment cela se passe pour toi ? Dernière ligne droite avant l'examen ?

— On peut dire ça.

— Ton père m'a dit que tu allais t'inscrire pour les concours d'écoles de commerce, c'est bien.

Thibault jeta un regard accusateur à l'encontre de JB.

— Peut-être.

— Comment ça, peut-être ? reprit JB.

— J'ai d'autres projets.

— Ravi de l'apprendre ! On peut en savoir un peu plus ? interrogea JB.

— Cinéma.

— Cinéma ? Tu peux t'expliquer ? demanda JB.

— On en parlera peut-être plus tard, Thibault, si tu veux bien, tempéra Catherine.

JB regarda sa femme, puis Thibault.

— Tu étais au courant ? demanda-t-il.

— Pas du tout. On est à table, je pense juste qu'on peut parler de cela à un autre moment, à la maison, répondit Catherine.

— Vous êtes de mèche, tous les deux, cela crève les yeux.

La mère se Catherine se tut. Le moment du repas était censé être un moment de partage, de bonne humeur et elle souhaitait à tout prix éviter d'envenimer les choses. Sans le savoir, elle s'apprêtait pourtant à commettre une nouvelle maladresse, alors que JB venait de la féliciter pour son plat qui frôlait l'excellence culinaire.

— Tu ne manges pas, Thibault ? interrogea-t-elle.

— Grand-mère, c'est délicieux. Mais depuis quelque temps j'évite de manger de la viande.

— Mais pourquoi ? Tu aimes ça, pourtant ?

— Ce serait long à t'expliquer. C'est par rapport à la maltraitance animale et aux ravages de l'élevage intensif.

— Le voilà écolo, maintenant, on marche sur la tête aujourd'hui ! s'énerva JB avant de se tourner vers Catherine. Et toi, tu ne dis rien ? Ça ne m'étonne pas...

— JB, maman est fatiguée et nous sommes à table.

— Mais c'est absurde ! Ton fils est en train de foutre en l'air sa vie et ses études, après tout ce que j'ai fait pour lui : trouver une entreprise qui l'accepte en alternance... Continue comme ça, toi, poursuivit-il en s'adressant à Thibault, et tu finiras caissier chez Carrefour ou chômeur !

— Je préfère encore finir caissier chez Carrefour que...

— Que quoi ? Avoir un vrai métier ? C'est ça ?

— Arrête JB, ça suffit, intervint Catherine. Thibault a vingt ans. Il a peut-être le droit de choisir son avenir, non ?

— Laisse tomber maman, dit Thibault, dépité.

La mère de Catherine se leva de table pour aller chercher le plateau de fromage.

— Il a vraiment récupéré les mauvais gènes, celui-là, lança JB à Thibault en le fusillant du regard.

Un bruit de vaisselle cassée se fit soudain entendre.

— Grand-mère ! cria Thibault en courant en sa direction.

La mère de Catherine venait de trébucher et se retrouvait étendue sur le sol avec les assiettes à fromage cassées. Thibault l'aida à se relever. Le repas se termina dans un silence assez pesant. Catherine demanda à son mari et son fils de rentrer à la maison sans elle. Sa mère avait de toute évidence besoin d'elle.

— Allonge-toi un moment, maman. Je vais tout débarrasser, ne t'inquiète pas. Tu as mal quelque part ?

— Non. À la tête, c'est tout.

— J'ai l'impression que tu as beaucoup de maux de tête depuis quelque temps...

— Pas spécialement. Catherine, ne mets pas les assiettes du service au lave-vaisselle !

— Je sais, je vais faire attention. Repose-toi. Tu es fatiguée.

— Et ne range pas ce qui est propre. Je m'en occuperai.

— Je vais te chercher un Doliprane.

— Non ! Ce n'est pas la peine.

Catherine savait combien sa mère était maniaque sur le rangement et n'aimait pas que l'on touche à ses placards. En débarrassant la table, elle se souvenait de ses jeunes années lorsqu'elle vivait encore dans cette maison. Chaque objet avait une place, et une seule. Le service de mariage avec le service de mariage, l'argenterie avec l'argenterie, le tout dans le buffet de la salle à manger dans un ordre précis. Les assiettes creuses devaient être à droite des assiettes plates. Les fourchettes et les cuillères devaient pointer vers la droite et surtout pas vers la gauche dans la ménagère. Les lames des couteaux devaient être orientées vers le bas. Catherine redevenait une petite fille lorsqu'elle était seule avec sa mère. Cette sensation était incontrôlable et systématique. Si elle aidait volontiers sa mère, désormais âgée et nettement diminuée ce dimanche, elle savait que le temps qu'elle lui faisait gagner était presque ridicule : dès qu'elle aurait le dos tourné, sa mère vérifierait que chaque chose est à sa place. Elle ouvrirait le buffet pour s'assurer que la ménagère se trouvait au bon endroit, que les couverts étaient dans l'ordre et dans le bon sens, que rien ne dépassait.

— C'est bon, maman. Tout est débarrassé, la table est propre. Comment te sens-tu ?

— Ça va. Tu as lavé les couverts à la main ?

— Oui, et tout est bien rangé.

— Qu'est-ce qui se passe avec Thibault ?

Catherine expliqua à sa mère que Thibault se cherchait et qu'il ne s'épanouissait pas vraiment dans ses études. Il envisageait sérieusement de les arrêter pour se réorienter dans une voie qui semblait mieux lui correspondre.

— Tu ne vas pas le laisser faire, j'espère ?

— Maman, il a vingt ans. Il est grand. S'il aime le cinéma, pourquoi pas après tout.

— Mais enfin, Catherine, reviens à la raison ! On sait très bien où mènent les formations artistiques...

— Maman, ce n'est pas simple pour lui. Je veux lui faire confiance. C'est un bon garçon, il a la tête sur les épaules, il faut croire en lui.

— Ton mari a raison; tu marches complètement sur la tête, toi aussi. Tu réalises que si tu étais plus présente à la maison, il n'en serait pas là ?

— De quoi parles-tu ?

Catherine comprit que sa mère buvait littéralement les paroles de JB, qui visiblement lui confiait plus de choses qu'il ne le devrait sur sa vie privée.

— Je parle de ta voisine. Il paraît que tu passes tout ton temps dehors maintenant, à accueillir des clients, "bénévolement" en plus !

— Mais enfin, je ne vois pas le rapport...

— Tu n'es plus là pour ton fils, et voilà le résultat.

— Arrête maman, s'il te plaît. Tu ne vis pas à la maison avec moi. Je suis présente et j'ai juste besoin de m'aérer un peu.

— De "t'aérer" ? Es-tu sérieuse ? Et ton mari ? Et ton fils ? JB m'a dit qu'il te trouvait changée et parfois irritable ces derniers temps.

— Arrête d'écouter JB. Tu parles de lui comme s'il était ton fils spirituel. Il est loin d'être parfait, pourtant !

— Personne n'est parfait. Mais tu sais très bien ce que tu lui dois. Sans lui, tu n'aurais jamais ce train de vie et tu ne pourrais pas payer les études de ton fils. Il t'a récupérée à la petite cuillère je te rappelle, à l'époque.

Catherine ne répondit pas.

— Qu'est-ce qui se passe ? Je sens bien qu'il y a quelque chose d'anormal...

Catherine resta silencieuse, se leva, se servit un café et remplit un verre d'eau qu'elle déposa sur un plateau pour le poser près du lit de la chambre. Sa mère attendait des réponses. Catherine hésita un moment avant de se lancer.

— J'ai retrouvé Alex.

Sa mère, allongée dans le lit, se releva brutalement.

— Pardon ?

— Tu as parfaitement bien entendu.

— Tu parles de l'autre, ce pseudo-révolutionnaire à moitié déséquilibré qui voulait t'emmener en Afrique ?

— Je parle du seul homme que j'aie jamais aimé. Tu n'as pas l'air si surprise...

La mère de Catherine resta muette, mais son expression trahissait ses pensées et disait quelque chose comme "il fallait bien que cela arrive un jour".

— Maman... Tu savais ?

— Quoi ?

— Qu'il était vivant ! Tu le savais, n'est-ce-pas ?

Devant son silence, Catherine ne put retenir ses larmes de colère et de rage.

— Tu savais qu'Alex était vivant et tu m'as laissé croire le contraire ?

— Calme-toi, Catherine. Quelle vie aurais-tu eu avec cet homme ? Sérieusement, réfléchis deux minutes avant de dire n'importe quoi.

— Mais non, maman, non ! C'est immonde ce que tu as fait ! As-tu pensé à moi un seul instant ? Te souviens-tu de ce jour où j'ai failli commettre l'irréparable ? Est-ce que tu réalises le mal que tu as fait ?

— Tu n'avais aucun avenir avec lui. Il partait en Afrique et a dû sûrement se trouver une Africaine là-bas. Cet homme était instable. Tu le sais bien.

— Comment as-tu pu me faire ça ? Tu n'avais pas le droit ! Je l'aimais ! De quel droit as-tu décidé à ma place ?

— Avec JB, tu as une vie équilibrée, tu ne manques de rien. Tu as une belle maison, tu as du temps pour toi, tu n'as pas besoin de travailler.

— Arrête maman, arrête s'il te plaît. Tu ne connais pas JB, pas assez.

— Suffisamment pour savoir qu'il était le bon choix pour toi.

— Le bon choix ? cria-t-elle. Tu as volontairement fichu ma vie en l'air !

Catherine quitta la chambre et prit ses affaires avant de retourner au chevet de sa mère qui se tenait la tête en grimaçant.

— Et pour ton information, à propos de ton gendre idéal, sache qu'il a couché pendant des mois avec son assistante. Ouvre les yeux pour une fois.

Elle ferma la fermeture éclair de sa veste et fixa sa mère droit dans les yeux. Les mots sortirent de sa bouche sans qu'elle n'eût le temps de réfléchir.

— Je te déteste.

Les sanglots l'envahissaient au fur et à mesure qu'elle avançait dans le couloir pour quitter les lieux. Les émotions bouillonnaient dans son cerveau au point de ressentir les battements de son cœur sur le côté du crâne. Une fois dehors, elle marchait sans vraiment regarder où elle allait, le pas pourtant décidé. Elle s'assit sur un banc, la tête entre les mains, le regard fixé sur le sol. Elle s'entendait hurler de colère intérieurement. Les souvenirs revenaient dans son esprit en boucle, de manière désordonnée et incontrôlable. Les moments d'intense bonheur avec Alex, son départ, le crash, les épreuves qui avaient suivi, son mariage avec JB. Elle pensait aux lettres d'Alex, jamais réceptionnées. À cet instant elle comprit que c'était probablement sa mère qui les avait reçues. Cela expliquerait une partie du mystère. La colère ne retombait pas. Ce qu'avait fait sa mère était malhonnête et cruel. Le pardon était inconcevable, impensable.

Son téléphone sonna. C'était sa mère. Elle ne répondit pas et bloqua son numéro. Quelques minutes plus tard, c'était JB qui appelait. Elle laissa sonner. Il lui envoya un SMS.

Où es-tu ? Ta mère me dit que tu es partie depuis un moment et tu n'es toujours pas rentrée...

Elle n'avait pas envie de répondre. Et encore moins de rentrer à la maison. Ou alors toute seule, sans avoir son mari sur le dos. Un nouveau SMS apparut sur son téléphone.

Qu'est-ce-que tu fous ? Je vais aller faire un peu de sport, tu ne me trouveras pas en rentrant.

Après un moment d'hésitation, elle finit par répondre :

Je suis en route, je serai à la maison bientôt.

Soulagée de ne pas subir le fait de croiser son mari à la maison, elle accéléra le pas.

23. L'histoire parallèle (VI)

Catherine,

Je repensais à notre dernière conversation téléphonique, quand tu parlais de ton jardin secret. Je n'avais pas bien évalué ta situation. Tu es tout de même mariée. Même si notre histoire a plus de vingt ans, je peux comprendre que ton mari serait contrarié d'apprendre nos échanges. Je ne veux surtout pas te faire prendre de risques et te mettre dans une situation délicate.

Pourtant, je pense que le jardin secret est quelque chose d'important. Je dirais même que ceux qui le cultivent sont certainement plus heureux que ceux qui s'affichent et s'exhibent sur les réseaux sociaux en ne cherchant, au final, qu'à faire croire aux autres qu'ils le sont -heureux.

Nos échanges ne sont qu'entre toi et moi. Ils me procurent personnellement de vraies tranches de bonheur et je ne ressens aucun besoin de le crier sur les réseaux pour ensuite compter les "likes" -cette invention qui ne fait que rendre encore plus factice et superficielle notre existence-.

Je te rejoins dans ta perception de notre société, quand tu la décris comme malade. Elle l'est. Et pourtant, on pourrait être tellement plus heureux avec moins : en faisant comme toi, à chercher le beau dans l'ordinaire, à trouver le coquelicot qui va sublimer un décor naturel, à le capturer en photo pour ne pas l'oublier -car il est éphémère-, ou comme moi, à m'enivrer de la beauté d'une prairie, d'une forêt, d'un lac, ou tout simplement de la nature brute et sauvage.

Je crois plus que jamais que le bonheur est davantage dans cette contemplation, dans le partage, dans l'amour, que dans la possession d'une grosse voiture, dans la taille d'un bureau, dans un titre de directeur sur une carte de visite ou le mot "cadre" sur un bulletin de salaire, dans l'état d'un compte en banque, dans la taille d'une maison ou d'une piscine, dans le nombre "d'amis" ou de "likes" sur les réseaux sociaux, dans l'exhibition sur ces mêmes réseaux du dernier voyage réalisé, du dernier produit de marque acheté, de l'amour que l'on voue à son conjoint -au lieu de le lui dire en face.

Je crois que le bonheur est tout simplement dans ce que l'on vit et pas dans ce que l'on montre. Tant que nous ne l'aurons pas compris, le virage qu'il nous faudra prendre pour continuer à vivre correctement sur cette Terre -le dérèglement climatique, les limites planétaires et leurs conséquences incommensurables, bien qu'encore niées, nous guettent vraiment- sera douloureux. C'est d'autant plus triste et affligeant qu'il suffirait presque de nous recentrer sur l'essentiel pour régler une partie du problème (au lieu de cela, on préfère se déresponsabiliser et croire en la découverte de nouveaux gisements de pétrole ou à l'apparition d'une technologie miracle qui nous permettra de continuer dans nos excès sans aggraver le problème !).

Je suis un peu long... J'espère ne pas t'ennuyer avec mes idées et envies de changer le monde.

Je vais repartir en mission deux semaines bientôt, en Amérique du Sud. Je risque de ne pas être facilement joignable. Je te préviendrai de mon départ.

Avant de te laisser, je voulais te dire, aussi, que je pense beaucoup à toi. Les souvenirs ressurgissent. Plus le temps passe et plus je me dis qu'on est passés à côté de quelque chose.

Je t'embrasse fort, Catherine. Alex.

Alex,

Quel bonheur de te lire. Tu parviens presque à me redonner le sourire. Ne t'inquiète pas pour nos échanges. Je fais attention. Et de toute façon, je ne fais rien de mal. Rien de mal par rapport à d'autres. Il faudra que je t'explique. Là, je suis à bout. J'ai passé une journée exécrable. J'en tremble encore de rage. Je te raconterai quand je serai plus posée.

Tes messages m'apportent un vrai réconfort. Je me sens moins seule, je me sens au contraire épaulée, écoutée, respectée, comprise. S'il te plaît, continue de m'écrire quand tu peux. J'en ai tellement besoin.

Moi aussi je crois qu'on est passé à côté de quelque chose. Je le pense aujourd'hui encore plus qu'hier. Et tu n'imagines pas à quel point. Alex, j'ai beaucoup de choses à te dire, mais ce n'est pas facile. Je reviens vers toi très vite pour t'expliquer.

Je t'embrasse. Catherine.

24. Dans la cave (IV)

Catherine embrassa son fils avant qu'il parte en cours.

— Thibault, je suis avec toi. Je serai toujours avec toi. Si tu aimes le cinéma, vas-y. N'écoute pas ceux qui ne veulent pas comprendre.

— Maman, j'en peux plus de lui...

Elle lui lança un regard approbateur et referma la porte à clé derrière lui. Puis elle envoya un message à Vanessa :

Je suis souffrante aujourd'hui, très fatiguée. Dis-moi si tu as une urgence mais sinon je préfère qu'on se voie demain. Bon courage et belle journée à toi.

Elle prévint également sa femme de ménage d'annuler sa venue. Elle avait juste besoin d'être seule. Complètement seule. Sa nuit avait été agitée. D'ordinaire bonne dormeuse, elle n'avait trouvé le sommeil que de manière intermittente. L'expression dure et cruelle de sa mère l'avait poursuivie toute la nuit, tout comme l'image de son mari complice, suivie de celle d'Anne qui ne devait être que l'une de ses nombreuses autres maîtresses, au travail ou ailleurs, puis cet avion, ce crash, ces années perdues, gâchées à cause d'un mensonge inexcusable. Elle voyait Thibault, son fils adoré, l'Alex d'avant et l'Alex d'aujourd'hui. Et puis l'image qui revenait sans cesse, en boucle, c'était cette journée à l'hôpital. Ce jour où elle aurait pu commettre l'irréparable.

Fatiguée, elle se servit un verre de jus de fruits maison pour faire le plein de vitamines. Les recettes recommandées par son coach sportif étaient faciles à réaliser et constituaient un excellent booster lors des baisses de régime. Elle et JB avaient pris l'habitude de concocter leurs jus eux-mêmes et de les laisser au réfrigérateur, chacun dans son shaker pour bien les dissocier.

Hantée par ces souvenirs, elle descendit dans sa cave. Délicatement, malgré le tremblement de ses mains, elle attrapa sa boîte à souvenirs soigneusement rangée dans les rayonnages. Elle ouvrit son journal intime. Plusieurs pages étaient restées blanches entre le départ d'Alex en Afrique, à l'époque, et la naissance de Thibault. Sa douleur était telle qu'elle n'avait jamais trouvé la force de laisser une trace écrite de cette période qui fut une des plus éprouvantes de sa vie. Elle pensait les écrire plus tard, mais il n'en fut rien. Les pages étaient restées blanches. Devant son journal, assise à même le sol froid de la cave, elle se souvenait.

Sa séparation d'avec Alex, avant son départ, avait été un premier déchirement. Elle avait pourtant assumé son choix de ne pas le suivre. La pression sociale et l'emprise de sa mère avaient eu raison de ses sentiments. Sans se l'avouer, elle l'avait toujours regretté, dans le fond. Puis il y eut le coup de grâce. L'annonce du crash, ne laissant aucun espoir de survie aux passagers de l'avion. Elle était anéantie. Dans le même temps, insidieusement, JB était entré dans sa vie, à la plus grande joie de sa mère. Cependant elle demeurait convaincue qu'après Alex, jamais elle ne retrouverait le véritable amour. Il était au-dessus de tout. Résignée, elle avait fini par accepter l'idée que JB ne serait certes jamais à la hauteur, mais qu'il pouvait l'accompagner sur un bout de chemin dans sa vie. Sans les incitations de sa mère, elle serait probablement restée seule.

Elle repensait aux lettres d'Alex et se demandait comment aurait évolué le cours des choses si elle les avait reçues. Si sa mère ne les avait pas cachées volontairement. Dans l'incompréhension face à cet acte de cruauté, elle sentait la colère l'envahir de nouveau, avant de laisser divaguer son imagination. Si elle avait lu ces lettres, elle l'aurait probablement rejoint en Afrique. Elle aurait tout plaqué pour lui.

Catherine tenait tant bien que mal durant les jours qui suivirent le crash. Elle ne s'alimentait presque plus. Elle dormait le jour et somnolait la nuit. Elle devait d'ailleurs en partie sa survie à JB, qui lui rendait visite presque tous les jours. Affaiblie, amaigrie, elle se laissait aller et finit par tomber malade. Sa mère et JB tentaient pourtant de lui redonner le goût des choses, mais sans succès. Elle vomissait tout ce qu'elle avalait. Refusant toujours de s'alimenter, sa mère se résolut à faire venir le médecin chez elle.

Le verdict fut rapide et fit l'effet d'une bombe. Elle était enceinte. Épuisée et moralement détruite depuis l'annonce du décès d'Alex, elle ne réalisait pas vraiment ce qui lui tombait dessus. La réaction de sa mère fut à l'inverse bien plus explicite ; elle se décomposa littéralement puis se mit à harceler de questions le médecin.

— Ma fille est enceinte ? Vous en êtes sûr ?

— A priori, oui. Je vais vous prescrire une prise de sang pour en être totalement certain et évaluer votre stade de grossesse, avait-il dit en s'adressant à Catherine.

— C'est un cauchemar ! Est-ce qu'elle peut encore avorter ? Ce n'est pas trop tard, dites-moi ? Avait demandé la mère de Catherine.

Le médecin la fixa du regard en fronçant les sourcils et en lui faisant un signe de la main pour lui demander de se calmer.

— Commencez par faire la prise de sang, avait répondu le médecin. Faisons les choses dans l'ordre. Mademoiselle, il va falloir reprendre des forces. Je vous prescris des vitamines. Essayez de manger des petites portions, ça passera mieux. Quelle que soit votre décision, vous devez prendre soin de vous.

Catherine avait la gorge nouée. Troublée, perdue, mais avec le sentiment d'être soutenue, et même choyée après s'être négligée et oubliée pendant des jours. Assise sur le rebord du lit, elle regardait devant elle, dans le vide, attrapa ses genoux pour se blottir en position fœtale.

La mère de Catherine avait décidé de prendre les choses en main. Elle géra la suite des opérations, de la prise de sang à l'ordonnance de vitamines, de la préparation de repas légers et digestes à sa fille au rendez-vous à l'hôpital pour se préparer à l'avortement. La grossesse datait de quelques semaines déjà, mais la procédure d'interruption médicamenteuse était encore possible.

Catherine se rendit aux consultations préalables en la présence de sa mère, qui lui était finalement d'un réel soutien dans ces moments difficiles. Elle se sentait étonnamment épaulée, d'autant plus que l'idée même de l'avortement constituait pour sa mère un acte opposé à ses convictions religieuses. Ainsi cette dernière ne se réduisait plus à une représentation de l'autorité parentale ; elle était aussi une femme. Après la dureté qu'elle avait témoignée lors de l'annonce de la grossesse de sa fille, elle s'était radoucie. Le rapport mère-fille était devenu un lien de femme à femme. Des femmes qui peuvent se comprendre, qui comme toutes les autres femmes possèdent cet extraordinaire cadeau de la nature que de pouvoir engendrer la vie, qui grâce aux luttes acharnées d'autres femmes avant elles, avaient le droit, dans leur pays, de disposer de leur corps et de prendre des décisions lourdes bien qu'assumées ; mais aussi des femmes qui savaient que leur parcours de vie serait jalonné d'épreuves et qui avaient intégré dans leur schéma de pensée que même au troisième millénaire, leur condition devrait être défendue sans relâche, que certains combats resteraient à mener, que les droits obtenus ne seraient jamais complètement acquis, que leurs choix conditionneraient toute leur vie, qu'il faudrait être fortes, courageuses, persévérantes. Peut-être plus que les hommes.

Arriva le jour J. Le genre de date que l'on n'oublie pas. Les choses allaient se dérouler en deux temps. La prise du premier comprimé à l'hôpital, pour interrompre la grossesse en stoppant le développement de l'embryon. Puis un second comprimé, à la maison, pour l'expulser. Catherine se souvenait. Assise dans la salle d'attente, elle distinguait vaguement les bruits de l'hôpital, devenus sourds et peu distincts. Elle ne percevait même plus les odeurs qui l'entouraient, ces odeurs si caractéristiques des environnements médicalisés et aseptisés. Elle n'entendit pas son nom prononcé par le médecin une première fois lorsque vint son tour. D'ailleurs elle ne sentait plus rien. Enfin, presque. Car il y a bien une chose qu'elle ressentait : ce qui se passait à l'intérieur de son ventre. De légers tiraillements associés à des sensations totalement indescriptibles. L'embryon devait mesurer deux centimètres tout au plus, mais il était bien là. Pour la première fois depuis l'annonce de la nouvelle, Catherine se sentait enceinte. L'amour de sa vie était mort mais elle portait en elle une seconde vie, avec un peu de lui.

— Catherine Duranteau ! répéta le médecin un peu plus fort.

Elle sursauta, revint à la réalité de ce lieu sans âme, de cette atmosphère où se côtoient la vie, la mort, la maladie, et fut parcourue d'un frisson glacial comme si le médecin l'accompagnait vers l'échafaud. Sa mère posa la main sur son épaule et lui dit quelque chose comme : “Vas-y, ma fille, tout va bien se passer !”.

Quand la porte se ferma derrière elle, Catherine se

trouva seule face au médecin. Il lui parlait mais elle ne l'entendait pas. Puis il se tut, se leva, remplit un verre d'eau et lui tendit le comprimé. Elle mit un certain temps à attraper le médicament. À ce moment précis, son corps tout entier se figea comme si la foudre le traversait. Le comprimé lui échappa des mains. Sans dire un mot, sans même regarder le médecin, elle se leva, quitta la salle de consultation, accéléra le pas dans le couloir et se mit à courir de toutes ses forces à l'extérieur du bâtiment. À aucun moment elle ne se retourna, ni n'eut l'idée de revenir sur ses pas après avoir laissé sa mère sur place, sans même la regarder, dans la salle d'attente de l'hôpital. Son corps lui avait dicté de ne pas commettre l'irréparable. La vie qu'elle portait était plus forte que tous les diktats et convenances qui pesaient sur ses épaules. Tant pis si son statut de mère célibataire la réduisait aux yeux des autres comme une marginale du système. Cet enfant qui allait naître quelques mois plus tard n'était que le fruit de l'amour le plus pur, le plus beau qu'elle ne connaîtrait jamais plus. Il s'appellerait Thibault. Le deuxième prénom d'Alex. Elle savait que c'était un garçon, même s'il était impossible de le deviner rationnellement à ce stade. Parce qu'il se passe des choses dans le corps des femmes que seules les femmes peuvent comprendre, elle le savait, c'était ainsi.

Sa décision fut irrévocable. Cet enfant, elle le désirait chaque jour davantage. Tant pis pour les études. De toute façon, elle n'affectionnait pas vraiment les cours qu'elle suivait péniblement à la faculté de droit. Le plus difficile était ailleurs; il lui fallait affronter le regard des autres, en particulier celui de sa mère, désemparée entre colère et incompréhension. Les questions et remarques fusaient.

— *Être enceinte si jeune !*

— *C'est du grand n'importe quoi !*

— *Élever un enfant sans père, c'est impensable !*

— *Je ne crois pas t'avoir éduquée pour que tu deviennes ce genre de personne !*

— *As-tu un seul instant pensé à l'avenir de cet enfant ?*

— *Vous allez vivre de quoi, tous les deux ? Tu n'as même pas de travail !*

— *Tu as des années devant toi pour avoir d'autres enfants !*

— *Qu'est-ce qu'on va penser de toi ? Et de moi ?*

Catherine, bien que convaincue de sa décision, devait néanmoins se rendre à l'évidence. Sans une aide financière et matérielle de sa mère, sa situation s'annonçait précaire. Même si son projet était de finir son année de droit, trouver un emploi semblait compromis sans expérience préalable, et enceinte de surcroît. Elle ne pourrait financer qu'un petit loyer, donc un petit logement, et aurait probablement droit à quelques aides, mais rien d'extraordinaire ; une fois les charges liées au logement et à la garde de son enfant payées, il ne lui resterait pas grand-chose pour manger, régler ses factures, et vivre un peu à côté.

C'est là qu'intervint JB. Celui qui allait devenir son problème quelques années plus tard se présenta à ce moment précis comme la solution, à la grande joie de la mère de Catherine. JB proposa à Catherine de l'épouser et de reconnaître l'enfant, puis s'engagea à l'élever et l'aimer comme son propre fils.

Dans sa cave, Catherine se remémorait cette période trouble. Elle réfléchissait à cette proposition de JB et se demandait si l'idée venait vraiment de lui, ou bien de sa mère. Cette dernière était en effet préoccupée par deux problématiques à résoudre : sauver l'honneur de sa fille aux yeux de tous et ne pas avoir à financer ses écarts de conduite. JB représentait déjà le gendre idéal ; bien élevé, ambitieux, avec un début de carrière professionnelle prometteur, il cochait toutes les cases. Il se montrait par ailleurs attentionné avec Catherine, prévenant aussi. Il avait promis d'assister à toutes les échographies pour découvrir un peu mieux celui qui allait devenir légalement son enfant. Catherine, elle, éprouvait une certaine tendresse pour JB, même si dans le fond ce n'était pas vraiment de l'amour. Il représentait la main tendue, celui qui allait lui éviter les galères des fins de mois sans argent et une relation définitivement tendue avec sa mère. Cette dernière, sentant les choses tourner favorablement dans le sens souhaité, annonça au jeune couple son intention d'effectuer une donation conséquente pour leur permettre l'achat d'une maison en plein Bordeaux. Catherine avait l'impression qu'un tapis rouge se déroulait sous ses pieds : les clés du confort et de bonnes conditions d'éducation pour son enfant s'offraient à elle désormais, à condition de rester sur le tapis et de ne pas entraver les codes du milieu. Cela impliquait une reconnaissance vis-à-vis de son futur mari, une grande disponibilité à la maison et une soumission au devoir conjugal -non exprimée mais implicite. JB, qui l'avait sauvée de la précarité, s'apprêtait aussi, d'une certaine manière, à l'enfermer dans une cage dorée. Avec le recul, elle s'en voulait, mais le brouillard physique et psychologique dans lequel elle se trouvait à l'époque empêchait toute lucidité.

Le mariage fut célébré dans les semaines qui suivirent et Thibault naquit quelques mois plus tard. Il fut question, à l'époque, d'attendre que l'enfant grandisse pour lui apprendre la vérité concernant son père biologique. Catherine dérogea pourtant à ce pacte durant sa grossesse ; elle parlait beaucoup à son bébé. Elle lui expliquait qui était son père, quel homme formidable il avait été, par sa générosité, son engagement, sa bienveillance. Après sa naissance, elle ne lui parla plus jamais d'Alex. Elle attendait avec son mari le moment opportun pour aborder ce sujet sensible. JB s'opposa finalement à la lui révéler, craignant son incompréhension. Selon lui, ce n'était jamais le "bon moment" : au début il était trop petit, en grandissant cela risquait de le perturber, adolescent il était trop fragile et sensible, adulte c'était trop tard, il en aurait voulu à ses parents de lui avoir menti tant d'années. Thibault avait donc grandi dans l'idée que son père était le seul qu'il ait jamais connu, à savoir JB.

Le non-dit pesait lourd sur les épaules de Catherine, de plus en plus lourd. Surtout depuis qu'elle savait Alex finalement bien vivant. Garder un tel secret devenait intenable. Elle ne savait toutefois comment opérer pour le révéler en douceur, sans tout briser. L'électrochoc serait difficile à éviter. Il fallait l'annoncer à Thibault bien sûr, mais aussi à Alex, sans oublier d'aborder le sujet avec JB qui évidemment s'y opposerait.

Assise par terre dans sa cave, Catherine rouvrait les pochettes rangées dans la boîte métallique. Elle regardait avec émotion les échographies de sa grossesse, les ordonnances des médecins, son agenda de l'époque avec les rendez-vous inscrits à l'hôpital. Seule face à cette vérité, elle réfléchissait et se disait qu'il serait logique de commencer par l'annoncer à Alex. Mais pas par le biais des messages. Ni par téléphone. Ces choses-là devaient se faire de vive voix. Il fallait donc organiser un rendez-vous, sans que personne d'autre ne le sache.

25. Au bureau

Comme tous les matins, Bruno alluma son PC dès son arrivée à la compagnie et se rendit directement à la machine à café pour rejoindre ses collègues. Ce moment était pour lui l'un des meilleurs de la journée, et contrastait diamétralement avec les habitudes qu'il avait dans son métier précédent.

Avant d'être embauché dans l'entreprise dirigée par JB, il occupait un poste de commercial. Sa motivation reposait alors essentiellement sur sa rémunération. Les primes sur objectif lui permettaient d'obtenir un salaire gratifiant et de compenser une routine de travail éreintante et solitaire. Tous les mois, les compteurs étaient remis à zéro et la pression du chiffre recommençait de plus belle. Un bon mois pouvait compenser un mauvais mois, à condition de redoubler d'efforts pour remporter de nouveaux contrats. Dans ce système qui récompensait les meilleurs et sanctionnait les moins bons, Bruno avait peu à peu perdu son goût du défi, ce qui avait fini par le mener au licenciement. Dans ces organisations, tout ce qui comptait était le chiffre, le chiffre et le chiffre. Mais aussi l'immédiateté, car il fallait du chiffre "tout-de-suite-maintenant", surtout pas demain et encore moins après-demain. La compétition entre collègues était rude, pas toujours loyale, et ne cessait jamais. Chacun gérait son secteur géographique certes, mais un classement national était établi et conditionnait une partie non négligeable des primes. L'important était de vendre, toujours plus, envers et contre tout. Les données commerciales étaient observées et analysées sur du court terme. Le passé était vite oublié. Avoir été un excellent commercial auparavant importait peu et ne pouvait en aucun cas compenser une baisse de régime. Pas de mémoire, puisque la récompense avait déjà été donnée au travers de la prime. Il fallait être au maximum de sa performance, tout le temps, sans fléchir. Contribuer sans relâche à la croissance de l'entreprise. Dépasser les concurrents. Viser la meilleure place du podium. En outre, la qualité, la satisfaction et la fidélisation de la clientèle passaient au second plan : la stratégie reposait sur l'idée qu'en vendant le plus possible, il en resterait toujours quelque chose ; se préoccuper de ménager ses clients, se soucier de répondre à leurs besoins sans les forcer toujours à acheter davantage, était considéré comme une perte de temps. Plus cynique encore dans ce procédé, si le commercial réalisait une belle année en terme de chiffre, il voyait son objectif proportionnellement augmenté pour l'année à venir. Il fallait choisir entre grosse prime mais objectif accru l'année suivante ou petite prime et objectif normal à atteindre. Complètement absurde. Financièrement, cela revenait presque à la même chose, seule la pression commerciale était impactée. Bruno était fatigué de ce système. Au-delà du besoin de quiétude et de sécurité, il ressentait l'envie de rompre avec un travail solitaire où il passait le plus clair de son temps sur la route.

JB lui avait ouvert cette opportunité. Son nouveau poste dans la compagnie d'assurance n'était en soi ni palpitant ni passionnant, mais il lui offrait ce qui lui avait manqué durant des années : le confort d'un bureau et le luxe de pouvoir prendre le temps de parler de tout et de rien avec ses collègues, autour d'un café. Ces moments-là faisaient sans aucun doute partie de ses petits bonheurs quotidiens. Un sourire, un café, une anecdote, une blague, tout ceci contribuait à sa bonne humeur et à l'envie de se lever le matin.

Un matin, le directeur s'approcha de Bruno et de ses collègues, accompagné d'une nouvelle venue.

– Je vous présente Maéva, qui intègre le service en tant qu'alternante. Maéva va s'installer dans le local reprographie que nous allons aménager en bureau.

La jeune femme était étudiante en dernière année d'école de commerce et souhaitait se spécialiser dans l'audit. Elle allait être amenée à travailler en collaboration étroite avec Bruno. Conscient que cela constituait pour lui une belle occasion de développer ses compétences en management, il exprima sa gratitude à son directeur.

– Ne me remerciez pas, Bruno. C'est Monsieur Robillard qui a décidé que Maéva serait un peu votre assistante. S'il vous fait confiance, c'est que vous le méritez.

JB était de nouveau derrière tout cela. Bruno se sentait de plus en plus redevable. Il se devait de donner le meilleur de lui-même pour ne pas le décevoir. C'était la moindre des choses. Discrètement, après la pause déjeuner, il se rendit dans son bureau.

– JB, je ne sais comment te remercier pour tout ce que tu as fait pour moi.

– Tu parles de la petite Maéva ? lui demanda-t-il, laissant échapper un clin d'œil un peu gênant qui traduisait que la "petite" était plutôt jolie et peu farouche.

– Oui, et de tout le reste...

– Je t'en prie. Tu t'es montré efficace et digne de confiance dans les tâches qui t'incombent, je trouve normal de te confier des missions de management. Maéva est arrivée parmi nous, profites-en !

Bruno remarqua que le bureau d'à côté, celui de l'assistante de JB, était fermé et s'en inquiéta.

– Elle est en congé ? Cela fait un moment qu'on ne l'a

pas vue à la cafète...

— Non, elle est en arrêt de travail.

— Rien de grave, j'espère ?

— Je ne suis pas certain qu'on la reverra. Je pense qu'elle a des problèmes d'ordre psychologique, voire psychiatrique. Cette fille est complètement folle.

Bruno était étonné des propos de JB. Il connaissait peu son assistante mais l'avait croisée au cours de déjeuners dans la cantine d'entreprise et en réunion, et la trouvait plutôt sympathique.

— Bruno, tu es trop gentil, je crois. Tu apprendras avec le temps que les gens ne sont pas forcément ce qu'ils prétendent être. D'ailleurs, à ce propos, tu tombes bien.

— Pourquoi ?

— Si tu veux vraiment me remercier, tu peux peut-être faire quelque chose pour moi.

— Bien sûr, dis-moi. Je te le dois bien !

— Cette folle hystérique menace de m'attaquer aux Prud'hommes. Elle prétend que je lui donne trop de travail et que je suis maltraitant. En réalité, la pauvre fille est tellement lente et inefficace que c'est moi qui perds un temps fou avec elle.

— Je ne comprends pas. Elle t'attaque pour quoi, exactement ?

— Harcèlement. Soi-disant je lui mets trop de pression et elle est en arrêt à cause de cela.

— Que veux-tu que je fasse ?

— Elle n'a pas de preuve tangible et ici tout le monde sait très bien qu'elle nage en plein délire. Néanmoins mon avocat m'a recommandé de prendre quelques précautions. Comme demander à mon entourage professionnel de témoigner par écrit la nature et la qualité des relations au travail à mon égard.

— Tu veux que j'écrive une lettre, un genre d'attestation,

c'est cela ?

— Je ne veux rien, Bruno. Tu peux le faire, juste, c'est tout.

JB ajouta que tous les témoignages étaient précieux et pouvaient faire pencher la balance dans ce genre de situation.

— Mais crois-tu que mon témoignage ait un poids, vu que je suis arrivé très récemment dans l'entreprise ?

— Bien sûr, tous les témoignages sont précieux.

— D'accord, je vais y réfléchir, JB, promis, répondit Bruno en s'apprêtant à quitter le bureau.

— Bruno ? Il faudra qu'on cale un rendez-vous d'ici quinze jours pour faire le point avant la fin de ta période d'essai, OK ?

— Oui, pas de problème ! Mais je ne prends pas rendez-vous plutôt avec le DRH ?

— Non, c'est bon, je le ferai moi-même. Ton directeur me donnera les éléments avant, ne t'inquiète pas.

Bruno retourna dans son bureau avec l'étrange sensation d'un malaise sournois qui l'envahissait. Depuis son arrivée à Bordeaux, JB figurait probablement parmi les personnes les plus aidantes qu'il ait jamais rencontrées. Toujours agréable, bienveillant, il l'avait intégré dans son cercle, associé à ses mondanités, il lui avait prêté gracieusement son chalet dans les Pyrénées, il l'avait même embauché dans son entreprise et presque promu. Bruno pouvait tout de même lui rédiger un bout de papier pour juste témoigner ce qu'il avait perçu de lui au travail. Il lui devait bien cela, pensait-il.

Et pourtant, quelque chose le gênait. Premièrement, il se sentait obligé de lui rendre ce service. Comme s'il risquait de passer pour un goujat s'il refusait, ou, pire, comme s'il mettait peut-être même en péril sa place dans l'entreprise. Cette dernière option serait juste catastrophique au regard de sa situation financière actuelle. Deuxièmement, son intuition semblait lui indiquer d'étranges signaux : et si JB s'était réellement montré inconvenant avec son assistante ? Et s'il l'avait vraiment poussée à bout ? Et s'il se servait de lui pour se tirer d'affaire ? Bruno n'avait pas envie de croire tout cela, et surtout pas qu'il s'était laissé abuser, que toute la générosité affichée de JB n'était finalement qu'une manœuvre fine, habile mais cynique pour en faire ce qu'il devenait à son insu : sa marionnette.

Pour en avoir le cœur net, Bruno décida de mener son enquête au sein de son service, discrètement. Puis il aborderait le sujet avec Vanessa, le soir même. Sa femme lui était toujours de bon conseil.

26. L'histoire parallèle (VII)

Catherine,

Je suis intrigué par ton dernier message, dans lequel tu m'expliques que tu as beaucoup de choses à me dire. J'espère surtout que tu vas mieux depuis ce dimanche désagréable. Que s'est-il passé pour que tu sois en colère à ce point ? Est-ce que cela a un rapport avec ce dont tu veux me parler ? Je t'ai toujours connue douce, posée, pacifique et je me doute qu'il a dû se produire quelque chose de sérieux pour que tu sois dans un tel état de rage. Je te sens écorchée vive, comme un oiseau blessé qu'on refuserait de soigner. Je t'en supplie, dis-moi ce qui se passe. Tu m'inquiètes et j'aimerais t'aider, si toutefois cela est possible.

Si mes messages te procurent du réconfort, tant mieux. Toi aussi tu m'apportes énormément, vraiment. Même après toutes ces années sans te voir, je te sens proche de moi, en confiance. Catherine, tu sais, tu peux tout me dire. Maintenant que nous nous sommes, d'une certaine manière, retrouvés, s'il te plaît reste là, à travers nos échanges, ne me laisse pas. Quel que soit le cours que prendront les choses, je ne veux plus jamais être séparé de toi. Plus jamais.

Je t'embrasse fort, Catherine. Réponds-moi vite, dis-moi tout. Cela restera toujours entre toi et moi. Alex.

Alex,

Je vais mieux depuis dimanche. Mais je suis toujours très en colère après ma mère. Même plus qu'en colère, d'ailleurs. Je lui ai dit que je la détestais. Là, tu dois me trouver dure, mais je sais que tu vas me comprendre.

Elle savait que tu n'étais pas dans l'avion qui s'est crashé.

Elle savait que tu étais en vie. Je suis même à peu près sûre que c'est elle qui a réceptionné (et caché, détruit ?) tes lettres ! Te rends-tu compte ? Ma propre mère me ment depuis toutes ces années, ma propre mère a fichu vingt ans de ma vie en l'air, sciemment ! Je me suis jurée de ne plus jamais la voir. Comment a-t-elle pu me faire ça ? Comment ? C'est monstrueux. Et ce n'est pas tout.

Alex, il fait absolument que je te voie, avant que tu partes pour l'Amérique du Sud. Absolument. C'est très important. Il faut que je te voie et que je te parle. Penses-tu qu'on pourrait prendre chacun un train et se retrouver, entre Bordeaux et Paris ? À Poitiers, ou à Tours par exemple ? On partage le trajet en deux et au moins je suis sûre de ne croiser personne que je connaisse ? Dis-moi que c'est possible, s'il te plaît...

Alex, dis-moi vite quel jour on peut organiser cela. Mon mari n'est pas là de la journée en semaine, il ne verra rien si je fais un aller-retour pour te retrouver ne serait-ce qu'une heure ou deux quelque part.

Je t'embrasse fort. Catherine.

27. La conciergerie de Vanessa (II)

Catherine eut le réflexe, cette fois, d'éteindre l'ordinateur. Une journée dense l'attendait aux côtés de Vanessa, qui l'avait sollicitée pour discuter de l'avenir de son entreprise. Elle se leva et tourna machinalement son regard vers la cheminée, qui se trouvait juste derrière le bureau ; c'est à ce moment qu'un objet attira son attention. Il s'agissait d'un cylindre métallique d'une douzaine de centimètres de haut. Quand elle s'en approcha, une lumière rouge apparut. Elle souleva l'objet et comprit qu'il était relié à sa connexion internet par un câble. Sur son socle figuraient les références et la marque de ce qui ressemblait fort à un objet connecté. Elle ne tarda pas à en déduire qu'il s'agissait d'une caméra et sentit sa gorge se nouer avec une cascade de questionnements : depuis quand la caméra était-elle installée ? Dans quel but ? Pourquoi JB n'en avait-il pas parlé, d'autant que l'objet n'était pas caché, mais bien visible ?

Afin d'obtenir des réponses concrètes et non biaisées, elle entreprit d'effectuer quelques recherches sur internet sur ce modèle de caméra, à partir de son téléphone. Le système était relativement simple : l'objet pouvait être activé ou désactivé à distance, grâce à une application mobile. Connectée, la caméra reconnaissait les visages préalablement identifiés et enregistrait des vidéos à chaque fois qu'une personne "inconnue" pénétrait dans le champ de vision. L'idée que JB surveille ses faits et gestes depuis des jours voire des semaines lui glaça le sang.

Catherine se plaça dos au mur, en retrait de la cheminée

pour se trouver à l'extérieur du champ de la caméra, et posa un chiffon dessus pour la neutraliser. Elle s'approcha ensuite de la buanderie, pour accéder au coffre-fort. À l'intérieur se trouvaient quelques objets précieux, des bijoux de famille, de l'argent liquide, des documents importants, et aussi un petit calepin dans lequel étaient notés tous les identifiants et mots de passe utilisés dans la famille. Sans les scruter dans le détail, elle prit rapidement une photo des pages du carnet et referma le coffre-fort. Elle se doutait et espérait que le mot de passe pour agir sur la caméra connectée s'y trouverait. Puis elle se replaça près de la cheminée et retira le chiffon de la caméra.

Elle était donc filmée, épiée, espionnée. De ses allées et venues, de ce qu'elle faisait dans la maison, rien ne pouvait échapper à JB. Le temps qu'elle passait sur l'ordinateur à écrire à Alex avait dû être enregistré, tout comme ses conversations téléphoniques, vu que ce modèle de caméra captait également le son. JB savait sûrement pour Alex, pensait-elle. Et vu que sa mère aussi, il ne lui fallait plus trop tarder pour prévenir Alex, puis Thibault, avant de risquer de perdre le contrôle de la situation.

Catherine se rendit ensuite chez Vanessa, qu'elle découvrit avec stupeur en état de stress. Sa conciergerie s'était tellement développée qu'elle ne savait plus par où commencer. Des journées de quarante heures n'auraient même pas suffi tant sa charge de travail était devenue insoutenable.

— Catherine, c'est la cata... J'ai un surbooking dans une des villas à Arcachon.

— Un quoi ?

— Un surbooking : en gros, deux clients différents ont réservé la même maison au même moment, et aucun de veut annuler sa réservation !

— Mais comment est-ce possible ?

— Problème de synchronisation de calendrier. Il faudrait que j'investisse dans un chanel manager, [1] sauf que je n'en ai ni le temps ni les moyens !

— Et que peut-on faire dans ces cas-là ?

— Rien, à part annuler l'une des deux réservations et payer des frais de relogement pour les clients lésés. Et pour éviter les problèmes, les surclasser.

— Tu as des soucis d'argent ?

— Ne m'en parle pas, Catherine... C'est juste inimaginable... J'ai hyper mal géré mon business et je n'ai pratiquement plus de trésorerie.

— Je ne comprends pas, tu as signé plein de contrats, pourtant ?

— Oui, mais trop. Je suis complètement débordée et je fais des bêtises. Mon organisation ne suit pas. J'ai eu des dégradations dans un logement, ma prestataire n'a rien vu. On n'a pas pu prélever la caution au client, c'était trop tard. Donc c'est moi, enfin mon entreprise, qui ai dédommagé le propriétaire... Et ce n'est pas tout. Je t'épargne le reste.

— Dis-moi ce que je peux faire pour t'aider.

Le téléphone de Vanessa sonna et elle tressaillit. La charge mentale qui lui incombait franchissait les limites du supportable. Elle répondit à l'appel d'une manière inhabituellement agressive. Catherine ne la reconnaissait plus. Son amie était excédée, débordée, épuisée physiquement et nerveusement. Elle se montra particulièrement sèche avec son interlocuteur. Catherine comprit qu'il s'agissait des clients qui avaient vu leur réservation annulée. La conversation semblait mal tourner. Vanessa raccrocha subitement, la voix tremblante.

— Ça va ? demanda Catherine.

— Pas trop, non. Les clients m'ont menacée de venir me trouver ici pour me faire la peau...

---

1. Solution digitale pour gérer les calendriers de réservations dans le domaine du tourisme

— Pardon ? Mais comment peuvent-ils venir chez toi ?

— Le siège de mon entreprise est ici, dans cette maison. Avec mon nom ils n'auront aucun mal à me trouver...

— Ils ne feront rien, ils ont juste voulu t'effrayer ! Sinon tu n'as qu'à appeler la police...

— Ah non, pas ça !

— Mais pourquoi ?

— Je n'ai pas envie que la police vienne fouiller dans mes affaires.

— Qu'est-ce que tu risques ?

— Je paie mes prestataires au black, Catherine... Je préfère rester discrète !

— Tu es sérieuse ? Mais pourquoi ne pas les déclarer, c'est risqué de faire comme cela ?

— Je sais bien. Mais cela me revient moins cher, et vu mes finances, je compte chaque euro.

Catherine fut surprise de réaliser dans quelle situation s'était empêtrée sa voisine et lui suggéra d'arrêter cette activité qui pompait toute son énergie, sans rien lui rapporter. Vanessa craqua et ne put retenir ses larmes. Catherine tenta de la réconforter.

— J'ai complètement planté mon business ! Je n'ai vraiment pas les épaules pour être chef d'entreprise !

— Arrête, Vanessa. Tu arrives à peine dans une ville où tu ne connais personne. Tu as deux enfants à gérer. Tu crées ta boîte. Les clients affluent. Le problème est à mon avis que les choses vont trop vite...

— Pas seulement. Mon modèle économique est bancal.

— Bon, écoute-moi. Tu es une des personnes les plus déterminées que j'ai croisées sur mon chemin. Tu as juste besoin de te poser, d'avoir une activité plus adaptée à ta phase de vie.

— Tu veux dire reprendre un job salarié ?

— Peut-être. Protège-toi, dans tous les cas. Ne fais pas

comme moi !

Vanessa s'étonna du sous-entendu de Catherine. Sans entrer dans les détails au sujet de son mari, cette dernière lui fit part de ses regrets à ne pas avoir eu d'activité professionnelle pendant plus de vingt ans. Elle mesurait désormais combien un travail lui aurait permis de rencontrer du monde, d'obtenir une indépendance financière, de récolter un peu de reconnaissance, d'avoir juste l'impression d'exister. Devant l'incompréhension de son amie, elle lui expliqua qu'elle avait grandi avec l'idée que la femme avait une place dans le foyer, qui n'était pas la même que celle de l'homme. Dans son milieu, il était vivement recommandé que le mariage soit réfléchi, le mari bien choisi, afin de permettre à l'épouse d'assurer -seule ou presque- la meilleure éducation qui soit à ses enfants. Travailler était considéré comme un acte démissionnaire vis-à-vis de la gestion du foyer.

— Mais tu n'as jamais tenu tête à ta mère ?

— Non. Enfin, jusqu'à dimanche dernier.

Catherine se tut ensuite. Comme une plaie encore béante, l'épisode passé avec sa mère était encore extrêmement douloureux. Vanessa, gênée, comprit l'indisponibilité de son amie les jours précédents et s'excusa de l'avoir sollicitée égoïstement sans se soucier de ses préoccupations.

— Vanessa, je t'ai toujours aidée de bon cœur. Cela me fait du bien de sortir un peu et de voir du monde. Attends… J'ai une idée : et si tu vendais ton entreprise ? Je suis sûre que les contrats que tu as signés pourraient intéresser des concurrents…

— Mais oui, tu as raison ! J'ai de bonnes relations avec l'un d'entre eux. Je vais lui en parler.

Si Vanessa vendait sa société, elle pourrait en effet tenir quelques mois, le temps de retrouver un travail. C'était LA bonne idée. Elle entreprit de rappeler quelques contacts pour aborder la cession de son entreprise, et en parallèle de chercher un emploi pour anticiper l'arrêt de son activité. Une solution rapide s'imposait pour régler ses problèmes d'argent. Elle et Bruno avaient vu les choses en grand. Catherine tenta de la rassurer avec bienveillance sur le fait que beaucoup de personnes s'installaient ici avec l'idée que la vie provinciale était un Eldorado, mais qu'un certain nombre revoyaient leur copie.

– C'est fait, maintenant. Est-ce que tu regrettes, Vanessa ?

– Non. Pas du tout. Retourner à Paris est le dernier de mes souhaits.

– Eh bien voilà, tu as tout dit ! Ta place est ici, et vous avez bien fait de vous installer à Bordeaux. Maintenant, il va falloir reprendre les choses une à une pour repartir du bon pied.

– Vendre mon entreprise est déjà une bonne idée. Après, cela dépendra de mon travail. Tu vois, en fait, je vous enviais, toi et JB. Je me disais que tu n'avais pas besoin de travailler et que c'était hyper confortable pour toi. J'étais loin de penser ce que tu disais tout à l'heure.

– Beaucoup de gens nous envient, je sais. Mais tu vois, Vanessa, n'oublie jamais une chose : il y a la façade, et puis il y a l'autre côté de la façade. Celui que personne ne voit, sauf ceux qui s'y trouvent...

– Oui, je comprends ce que tu dis. Mais cela ne vous concerne pas, toi et JB ?

Le silence de Catherine était éloquent. Elle ne voulait pas développer le sujet avec son amie, pas maintenant. Plus tard, peut-être. Son mari travaillait avec le sien, il ne fallait surtout pas mettre qui que ce soit en porte-à-faux. Vanessa réfléchit et se rappela le retour de son mari du travail, l'autre soir. Il avait effectivement évoqué son malaise à l'égard de JB, qui lui avait demandé un témoignage dans une affaire de harcèlement. Il avait mené sa petite enquête auprès de ses collègues, innocemment et discrètement, et avait abouti à une conclusion troublante : JB n'était pas si innocent et honnête que ce qu'il paraissait, et l'affaire était peut-être même plus grave puisqu'il aurait eu -selon les ouï-dire de ses collègues, qui restaient à vérifier- une relation plus ou moins suivie avec son assistante. Il s'agissait très probablement de harcèlement sexuel, chose que Bruno se refusait à croire. Comme son mari, Vanessa avait réagi en rejetant l'idée que JB puisse être coupable de ce type de comportement. Le silence de Catherine sema le doute dans son esprit. Elle commençait à réaliser que JB avait peut-être utilisé Bruno à des fins douteuses.

Le téléphone de Catherine sonna. C'était l'hôpital. Sa mère venait d'être transportée en urgence par le SAMU, après un malaise. Les choses semblaient maîtrisées par les équipes médicales, mais elle devrait rester sous surveillance quelques jours avant de rentrer chez elle. Vanessa comprit ce qui se passait et demanda à son amie si elle avait besoin de faire une pause pour s'occuper de sa mère. Sa réponse fut très claire : elle n'avait ni l'envie, ni l'intention de revoir sa mère.

28. La face cachée

Sur la cheminée, près de la caméra, Catherine vit quelque chose et s'en approcha. De nouveau, une désagréable gêne l'envahit. Sa plaquette de pilules était posée juste à côté de la caméra. Le problème n'était pas en soi le fait qu'un médicament se trouve à cet endroit. Le problème était que ce médicament avait sa place, comme toutes les choses importantes pour Catherine et conformément à son sens de l'organisation : sa pilule était toujours rangée dans une petite trousse fermée à l'intérieur de son sac à main, avec les antihistaminiques et la piqûre d'adrénaline. La plaquette n'avait pas pu miraculeusement s'extraire du sac à main pour atterrir par enchantement sur la cheminée. Quelqu'un l'avait fait. Quelqu'un qui avait fouillé dans ses affaires. Quelqu'un qui avait découvert qu'elle prenait la pilule. Quelqu'un qui avait compris qu'elle lui mentait depuis des années, car elle avait tout mis en œuvre pour ne plus jamais avoir d'enfant. Et surtout pas de lui.

JB était derrière tout cela. Aucun doute. Elle pressentait que son jardin secret risquait d'être bientôt dévoilé au grand jour. Elle allait devoir affronter son mari, mais en douceur, subtilement, sans le brusquer.

Quand elle entendit la porte d'entrée s'ouvrir, elle reconnut immédiatement le bruit de ses pas et se dirigea vers la cuisine pour s'atteler à préparer le repas.

— Comment vas-tu, ma chérie ? lui demanda-t-il en l'embrassant derrière l'oreille, provoquant chez elle une grimace de dégoût.

— On n'ira pas chez ma mère, dimanche.

— Ah bon ?

— Elle a fait un malaise, elle va rester quelques jours à l'hôpital.

— Ça t'arrange, non ?

— Pardon ?

JB ricana et se tut. Catherine supposa que cela arrangeait surtout son mari, dont la principale préoccupation était de faire bonne figure devant sa belle-mère, de flatter son ego, et bien sûr de la convaincre combien elle avait eu raison de le désigner comme bénéficiaire de plusieurs gros contrats d'assurance-vie. Puis elle pensa de nouveau à cette histoire de pilule, ne sachant comment aborder le sujet. De toute évidence, elle avait été placée intentionnellement sur la cheminée, pour susciter une réaction. Donc JB attendait cette réaction. Entre la lui offrir, ou bien jouer la carte de l'indifférence, elle hésitait ; dans tous les cas, elle était piégée.

— JB, c'est quoi ce truc sur la cheminée ?

— De quoi parles-tu ?

— On dirait une caméra, non ?

— Ah, ça ! Oui, tout à fait ! Vu ce qui se passe en ce moment dans le quartier, j'ai trouvé l'idée pertinente.

— Les cambriolages ?

— Oui, il y en a de plus en plus. J'ai hésité au départ entre cette caméra et une alarme.

— Pourquoi ne m'as-tu rien dit ?

— Quel intérêt ?

— Elle fonctionne en permanence ?

— On la pilote à distance avec l'application mobile, donc oui, je l'active quand la maison est vide.

— Mais je suis là, pendant la journée !

— De moins en moins, tu es toujours fourrée avec la voisine… On dirait que ça te dérange, ce système. Tu as des choses à cacher, peut-être ?

— Non, non. Ça ne me dérange pas. Tu aurais pu me le dire, c'est tout.

— Toi aussi, tu aurais pu me le dire.

— Te dire quoi ?

— Que tu prenais la pilule. Tu t'es bien fichue de moi !

Catherine épluchait des légumes et tournait le dos à son mari. Sur ces mots, elle s'arrêta net, manqua de se couper et ravala sa salive. Elle était découverte. Et lui aussi. Il avait fouillé dans son sac et avait compris. Depuis la dispute avec sa mère, le malaise avec son mari n'avait cessé de grandir et pourtant, étonnamment, elle parvenait à puiser dans des ressources insoupçonnées pour le contrer. Quelques mois ou années plus tôt, elle n'aurait jamais osé.

— J'ai parfaitement le droit de prendre la pilule sans t'en aviser. J'ai le droit de disposer de mon corps.

— Oui, ça, merci, j'avais remarqué, répondit-il d'un air sarcastique. Mais tu ne pouvais pas me laisser croire qu'on aurait un jour un enfant tous les deux.

— Je n'ai plus l'âge, JB…

— C'est ça. Et avant, tu l'avais, l'âge, non ?

— Comment sais-tu depuis quand je la prends ? Tu fouilles dans mes affaires ?

JB la fusilla du regard, comme si la guerre était déclarée. Catherine comprit à ce moment-là qu'il ne l'avait jamais vraiment respectée. Elle devait se méfier de lui. Et arrêter de se justifier. Lui aussi cachait des choses, bien plus graves. Parler d'Anne lui brûlait les lèvres, mais elle se retint. Thibault n'allait pas tarder. Ce n'était pas le meilleur moment pour régler ses comptes avec son mari. Elle devait se concentrer sur ses priorités, dont le degré d'urgence venait de franchir un nouveau seuil : annoncer la vérité à Alex au sujet de Thibault, puis parler à son fils. Le tout à l'insu de JB, dont elle savait désormais qu'il l'épiait, qu'il scrutait le contenu de son sac, qu'il connaissait ses heures de sortie, et, pire encore, qu'il savait qu'elle savait.

— Tu as prévu d'aller voir ta mère ?

— Non.

— Pourquoi ?

— Elle va bientôt rentrer chez elle.

— Et tu es trop occupée pendant tes journées, c'est ça ?

— Ça suffit, JB.

— Tu es toujours avec l'autre, décidément. Ça ne marchera jamais, son business ! Elle n'a pas les épaules...

— Tu dis ça parce que c'est une femme ? Comment peux-tu être aussi macho ?

— Rien à voir. Vanessa et Bruno sont deux losers arrivistes qui croient qu'il suffit d'avoir une belle adresse et une grosse voiture pour faire partie d'un monde. Ils n'ont ni les codes ni les moyens de leurs ambitions. C'est autant valable pour lui que pour elle.

Catherine ne pouvait masquer son écœurement face à la médisance et l'hypocrisie manifeste de son mari. Pendant des années de mariage, elle avait entraperçu certaines facettes sexistes et parfois condescendantes de JB, qu'il s'était bien gardé de dévoiler au moment de la séduire. Ces derniers jours, c'était une face bien plus sombre qu'il révélait. Au-delà de ses considérations misogynes, il témoignait désormais d'un cynisme et d'une perversité dont les limites demeuraient inconnues et, même, angoissantes. Elle ne savait évaluer jusqu'où pouvait aller son intrusion dans son intimité.

JB justifia ses propos sexistes par le fait que les femmes d'aujourd'hui voulaient tout : avoir la mainmise sur leurs enfants et entretenir avec eux une relation affective privilégiée -en travaillant et en étant peu à la maison-, prétendre à des carrières professionnelles aussi ambitieuses que les hommes -avec des salaires équivalents malgré des congés maternité de plusieurs mois qui bouleversaient les organisations-, obtenir une espèce d'indépendance sociale et financière -en ayant tout de même parfois besoin d'un homme pour améliorer leur train de vie et pour se satisfaire sexuellement-. Sur ce dernier point, il ne manqua pas de pointer du doigt la frigidité de sa femme. Catherine attrapa son shaker dans le réfrigérateur et se servit un verre de jus de fruits.

— Pourquoi es-tu resté avec moi, JB ? Qu'est-ce qui t'a empêché de me quitter ?

— À ton avis ? répondit-il en haussant les épaules. Que serais-tu devenue ? Tu n'as jamais travaillé de ta vie, tu aurais fait comment ?

— Tu t'es sacrifié pour moi, en fait.

— Tu es ingrate, Catherine. Tu ne réalises pas tout ce que j'ai fait pour toi.

— Comme ce que tu as fait pour nos voisins ?

— Que veux-tu dire ?

— Je suppose juste que tu ne les as pas aidés gratuitement... Tu ne fais rien par hasard, JB.

— Je suis entouré de pauvres gens, je passe mon temps à soutenir tout le monde, et tu oses me parler ainsi ! Je n'ai rien d'autre à dire. La discussion est close.

JB tourna le dos à femme ne prononça plus un mot de la soirée.

Catherine se trouvait plus que jamais dans le brouillard. Elle naviguait à vue et était incapable de se projeter dans un avenir proche, surtout lorsque les révélations auront été faites. Un premier pas serait bientôt franchi. Alex et elle devaient se retrouver en gare de Poitiers d'ici quelques jours. Situé sur l'axe de la ligne TGV qui reliait Paris à Bordeaux, ce point de rendez-vous semblait être le lieu idéal pour se retrouver discrètement deux ou trois heures. L'aller-retour en train était facile à réaliser sur une journée et permettait à Catherine un retour chez elle bien avant son mari.

L'idée de revoir Alex était source de sentiments contraires mêlés : appréhension, joie, impatience, angoisse à l'idée de sa réaction. Déjà, elle réfléchissait à la tenue qu'elle porterait pour ce jour-là. Elle chercherait le parfait équilibre pour être à la fois fidèle à elle-même, naturelle, telle qu'elle était chaque jour dans sa vie, et jolie, voire séduisante, pour peut-être lui plaire et ne pas contraster avec l'idée qu'il avait pu se faire à travers les photos échangées par e-mail. Elle opterait probablement pour une robe droite simple de couleur sombre, égayée d'une étole en soie dans les tons rosés, des bottes cavalières et un manteau trois-quarts pour marquer sa silhouette sobrement et sans fioriture. Elle se maquillerait très légèrement, comme à son habitude. Elle se laverait les cheveux la veille, pour une meilleure maîtrise de ses boucles le lendemain matin avec juste un peu d'eau pour modeler la coupe. Elle porterait son sac à main de tous les jours. Elle serait simple et élégante, comme elle l'avait toujours été.

Au fur et à mesure que le jour approchait, Catherine sentait la pression s'installer. Le soir en s'endormant, elle avait l'impression de sentir la présence d'Alex qui l'effleurait. Souvent, elle regardait la photo qu'il lui avait envoyée et fermait les yeux en essayant de se rappeler son visage, sa voix, ses expressions. Elle essayait de s'imaginer le moment où leurs regards se croiseraient de nouveau, vingt-et-un ans plus tard. Déjà, elle ressentait l'émotion de ces retrouvailles. Comme une adolescente à un premier rendez-vous, ses jambes trembleraient à chaque pas, dès sa descente du train. Sur le quai de la gare, elle le chercherait et sentirait un grand frisson en le reconnaissant immédiatement. Elle rêverait d'accélérer son pas pour lui sauter au cou ; il la soulèverait et la ferait tourner, comme dans les films. Elle aurait une folle envie de se blottir dans ses bras mais n'oserait pas le faire. Elle attendrait que lui fasse un premier pas. Puis elle fermerait les yeux pour que ces quelques secondes durent des heures. Quand elle était petite, elle se rappelait fermer les yeux parfois, quand elle se trouvait au milieu de la foule ; elle aimait à croire que ce geste permettait de défier les lois du temps et de l'espace, et surtout de ne pas être vue. Donc, quand Alex la prendrait dans ses bras, elle fermerait les paupières et attendrait longtemps, longtemps, pour peut-être les rouvrir. Puis elle pensait à cette vérité, qui ne pouvait être dite que de vive voix. Elle lui annoncerait sa paternité. Il serait ému aux larmes, bouleversé. Elle lui montrerait des photos, lui expliquerait combien il serait fier de son fils, qu'il ne faudrait plus attendre pour rattraper le temps perdu, que tous deux devaient se rencontrer, se découvrir et sans aucun doute créer un lien qui les unirait à jamais.

Le jour approchait. L'angoisse montait et Catherine ne mangeait plus grand chose. Elle connaissait bien son corps. Seuls deux facteurs pouvaient provoquer chez elle une telle perte d'appétit : un début de grossesse, ou bien tout simplement être amoureuse. La vraie raison était claire et évidente.

29. La contrepartie

Bruno avait vu sa charge de travail s'alourdir sensiblement depuis quelque temps. Son assistante Maéva contribuait heureusement à l'alléger afin qu'il parvienne à organiser à peu près correctement ses journées. Concernant l'attestation que JB lui avait demandée, Bruno avait littéralement "oublié". Il se sentait néanmoins peu à son aise lorsqu'il le croisait dans les couloirs. Les choses se corsèrent lorsque JB lui confia un travail de dernière minute, évidemment urgent, en fin de journée. Il souhaitait que Bruno et Maéva travaillent ensemble et rendent leurs conclusions pour la réunion du lendemain matin. Maéva souleva le fait qu'elle devait rentrer chez elle avec les transports en commun et qu'elle redoutait un peu de s'y trouver seule une fois la nuit tombée et la ville en sommeil ; Bruno lui proposa de la raccompagner en voiture et appela Vanessa pour la prévenir d'un retour tard en soirée. Les deux collègues se mirent au travail sans traîner. Les bureaux et les couloirs se vidaient et ils se retrouvèrent rapidement complètement seuls dans le bâtiment.

Malgré l'efficacité de Maéva et sa bonne coordination avec son collègue, le dossier à remettre pour le lendemain fut achevé après de longues heures de travail. Avant de rentrer, Bruno avait commandé un repas rapide pour dîner sur place avec elle. Des bruits de pas étaient perceptibles dans le couloir. Ils n'étaient finalement pas seuls.

— Décidément, vous êtes inséparables, tous les deux ! remarqua JB, qui les fit sursauter, autant par l'effet de surprise que par la teneur embarrassante de son propos.

Bruno ne pouvait cacher sa gêne mêlée à son agacement face à ce type de sous-entendu. Maéva, quant à elle, rougit et baissa les yeux sans rien dire.

— Vous avez terminé, je présume ? demanda JB.

Bruno et Maéva acquiescèrent.

— Très bien. Maéva, je peux vous raccompagner en voiture chez vous si vous voulez. Ainsi Bruno pourra rentrer directement chez lui sans perdre de temps.

— Non, merci beaucoup, monsieur Robillard. J'ai appelé mon ami tout à l'heure et il va venir me chercher.

— Ah ! Eh bien si "votre ami" vient vous chercher, dans ce cas je vous abandonne et vous souhaite une excellente soirée.

Après que JB eut quitté les lieux, Bruno fit part de son étonnement à sa collègue car elle n'avait appelé personne de la soirée. Elle avoua lui avoir menti pour deux raisons principales : lui glisser le message du fait qu'elle avait quelqu'un dans sa vie, et surtout éviter à tout prix de se trouver seule avec lui dans un lieu clos.

— Mais pourquoi, Maéva ? Ta vie ne le regarde pas !

— Je suis mal à l'aise avec cet homme, Bruno. À la fin de mon entretien de recrutement, quand nous étions seuls dans son bureau, il s'est levé et s'est approché tout près de moi, puis a posé sa main sur mon épaule en la faisant glisser sur mes hanches. Depuis, quand il me salue le matin, il me dévore du regard et fixe mon décolleté, c'est extrêmement gênant.

— Tu es sérieuse, Maéva ? En as-tu parlé à d'autres collègues ?

— Non. J'ai un peu honte.

— Honte de quoi ? Tu n'as rien fait !

— J'aime bien porter des tenues plutôt à mon avantage. Et encore, depuis ce jour-là je suis plus classique qu'avant. Je pense que certains pourraient dire que je le cherche. J'ai déjà eu ce genre de réflexion.

Bruno était outré des paroles de Maéva et se rappelait la manière dont JB lui avait présenté la jeune femme avec son clin d'œil qui semblait la qualifier "d'aguicheuse et peu farouche". Maéva était jolie, bien apprêtée, coquette, mais en aucune façon dans une quelconque séduction. Bruno la rassura sur son professionnalisme et son attitude au travail. Bien que toujours en période d'essai, il lui promit également que si cela lui était demandé, il rédigerait une appréciation très positive à son égard.

— Je comprends ce à quoi tu fais allusion, Maéva. Je suis marié à une belle femme et elle m'a déjà fait part de comportements déplacés d'hommes à son égard.

Il poursuivit en donnant raison à sa collègue : une femme a parfaitement le droit de prendre soin d'elle, de porter de jolies tenues, même des tenues un peu sexy d'ailleurs, sans pour autant que cela soit interprété comme une invitation à coucher avec tous les hommes qui croisent son chemin.

— Merci, Bruno. Tu es un chic type et c'est agréable d'être comprise.

— Tu vas rentrer comment ? Veux-tu que je te dépose ?

— Non, laisse. J'habite à l'autre bout de la ville. Je vais appeler un taxi, ne t'inquiète pas.

Après avoir attendu en bas du bâtiment l'arrivée du chauffeur de Maéva, Bruno rejoignit sa voiture sur le parking de la compagnie. Dans sa manœuvre, il remarqua que la lumière était toujours allumée dans le bureau de JB. S'il préférait supposer qu'il avait oublié de l'éteindre, son intuition lui suggérait le contraire.

Vanessa s'était endormie sur le canapé. Bruno l'observa un moment, heureux de la voir ainsi apaisée. Il la trouvait belle. Il l'embrassa tendrement sur la joue et posa un coussin sous sa nuque. Puis il se dirigea vers le salon, ouvrit une malle qui contenait bouteilles d'alcool et digestifs, et se servit un verre de Cognac. Il le but d'une traite et s'installa près de sa femme.

— Tu étais où ? murmura Vanessa, les yeux à peine ouverts.

— Au boulot ! Grosse journée aujourd'hui...

— Comment ça se fait ? D'habitude tu as des horaires plus normaux, non ?

— Ma chérie, je crains que les choses ne se compliquent.

— Comment ça ? Tu as des problèmes au travail ?

— Indirectement, oui. J'ai des doutes sur JB.

Vanessa se redressa puis posa sa tête sur les genoux de son mari.

— Qu'est-ce qui se passe ?

— Ce serait long à t'expliquer. Je me demande si JB ne s'est pas servi de moi. J'ai l'impression qu'il me teste, ou qu'il me fait une espèce de chantage, je ne sais pas trop. C'est malsain.

Vanessa, bien qu'épuisée elle aussi de sa journée, écoutait attentivement son mari et le rejoignait dans ses conclusions. Elle lui témoigna une confiance totale au sujet de Maéva. Elle n'avait d'ailleurs jamais douté une seule fois de sa fidélité et de sa loyauté. En revanche, elle se demandait finalement si celui qui se présentait comme le voisin idéal, le fidèle ami, l'homme généreux et serviable, n'était peut-être finalement qu'un être intéressé, voire manipulateur.

— Je ne sais pas si je dois chercher du travail ailleurs...

— Non, Bruno ! Ne fais pas ça. Tu n'as absolument rien à te reprocher.

— Ma période d'essai se termine dans une semaine. Il me donne de plus en plus de travail. Je vais serrer les dents jusqu'au bout. Tu as raison.

Vanessa se blottit contre son mari. Elle approuva ses doutes lorsqu'elle se remémora ses discussions avec

Catherine. Après réflexion, elle et son mari parvinrent à la même conclusion ; quelque chose sonnait faux dans cette famille. JB était aux commandes, les autres étaient ses marionnettes. Même s'ils n'avaient aucune preuve tangible, aucune certitude absolue, leurs impressions concordaient.

— Je vais vendre mon entreprise, annonça soudain Vanessa.

— Pardon ?

— Tu as bien entendu. Je vais chercher un travail stable, reprendre une vie normale. Pour toi, pour les enfants, et pour moi. On va s'en sortir, Bruno.

— Bien sûr que l'on va s'en sortir. La seule chose qui compte, c'est qu'on soit toujours ensemble.

— Oui. Le reste, on s'en fout. Pas vrai ?

Bruno se leva du canapé, Vanessa s'agrippa à lui à califourchon jusqu'à la chambre. Ils firent l'amour comme au premier jour et s'endormirent collés l'un à l'autre jusqu'au petit matin.

30. Le droit chemin

Catherine préparait un plat de lotte à l'américaine. Contrairement à ses habitudes, elle n'avait pas le livre de recettes sous les yeux. Elle avait d'ailleurs décidé de ne plus suivre les recettes à la lettre. Selon elle, les plats salés autorisaient cette entrave aux choses écrites -et souvent rigides-, davantage que les desserts pour lesquels la précision des proportions et l'ordre des choses impactaient la réussite du plat.

À l'instar de la cuisine, elle prenait quelques libertés dans sa vie, un peu plus chaque jour. Elle avait définitivement abandonné le sèche-cheveux et les brushings pour laisser ses cheveux friser naturellement. Elle n'avisait plus JB de ses entrées et sorties et ne se justifiait plus lorsqu'elle travaillait avec Vanessa. Le repas n'était pas toujours prêt, ni la table dressée, à l'heure du dîner. En outre, lasse de savoir son mari à l'affût de ses faits et gestes, elle avait même ouvert un compte bancaire à son nom. Pire encore, elle échangeait des correspondances secrètes avec celui qu'elle n'avait jamais cessé d'aimer.

Sa mère, avec qui elle avait rompu tout contact, ne lui dictait plus ce qu'il était bon de faire ou de ne pas faire. Pendant des années, Catherine avait franchi les étapes de sa vie avec l'idée que sa mère, telle un guide, l'aidait à rester dans le droit chemin. Pragmatique, elle l'avait incitée à s'épargner un début de parcours chaotique et précaire, en la poussant dans les bras d'un bon mari avec une belle situation. L'aspect matériel ainsi réglé, Catherine n'avait plus qu'à se comporter comme une femme se devait de le faire pour garder ce mari sauveur. Ainsi considérait-elle le droit chemin.

Jusqu'à ce qu'elle retrouve Alex. Jusqu'à ce qu'elle ose contrer sa mère. Désormais, Catherine sortait de la voie tracée. De plus en plus, elle testait quelques pas de côté, même s'ils la menaient tout près du précipice. Puis elle revenait sur les rails de son chemin initial, pour le moment. Car intrinsèquement, elle pressentait que le jour où elle reverrait Alex, le jour où toute la vérité serait dévoilée, il lui serait strictement impossible de bifurquer de nouveau sur ce droit chemin. Tout volerait en éclats. Dès lors, elle pourrait peut-être, enfin, claquer la porte aux convenances et aux principes stricts et aliénants d'une société basée sur le paraître au détriment de l'être. Elle pourrait, enfin, tout simplement vivre, et offrir à son fils d'en faire autant.

Ce jour-là approchait. Sa peur se mêlait à son excitation.

JB s'approcha d'elle, prit une cuillère à soupe et goûta la préparation qui mijotait.

— Cela manque de quelque chose. Du safran, peut-être ?

— Je n'ai rien mesuré, rien dosé. J'ai tout fait à l'instinct.

— Ah, d'accord, je comprends mieux. De toute façon, le poisson, ce n'est pas ton truc. Je préfère la viande. C'est meilleur et cela laisse moins d'odeurs dans la maison.

Catherine n'avait plus envie de répondre à son mari. Ses remarques l'indifféraient. JB, surpris, orienta la conversation sur Thibault. Il apprit à sa femme que son fils séchait les cours depuis plusieurs semaines.

— Que veux-tu que j'y fasse ? Je ne vais pas lui mettre un couteau sous la gorge et le prendre par la main pour l'emmener en cours !

— Mais enfin, Catherine, tu te rends compte ? Il ne va même plus en entreprise… Je passe pour quoi, moi ?

— Si je comprends bien, tu te préoccupes plus de ton image que de l'avenir de ton fils, c'est cela ?

— De TON fils, pas du mien.

— Que veux-dire ?

— Tu le sais très bien. Tiens, le voilà justement...

Catherine sentit un malaise la parcourir. Le sous-entendu de JB pouvait laisser supposer son intention d'annoncer soudain à Thibault, unilatéralement, une vérité douloureuse.

— Allez, Thibault, explique à ta mère la situation.

— Quelle situation ? demanda Thibault.

— Que tu ne vas plus en cours, que tu ne vas plus en entreprise, que tu me fais passer pour un imbécile qui ne sait pas élever son fils, que tu n'as aucune ambition. Je continue ?

— Il n'y a rien à expliquer.

— Très bien, alors dans ce cas, c'est toi qui vas m'écouter maintenant.

Thibault chercha sa mère du regard pour y trouver compassion et réconfort. Il s'attendait, une fois de plus, à être rabaissé, méprisé et entendre l'éternelle rengaine de son père sur la réussite. Pourtant, cette fois, spontanément, il anticipa la parole de JB pour exprimer son point de vue.

— Je suis majeur.

— Oui, et ? coupa JB.

— Je suis en droit de choisir ce que je veux faire de ma vie.

— Oui, bien sûr. Et moi je suis le pigeon qui finance tes âneries, c'est bien cela ?

— Tu me menaces de me couper les vivres ?

— Tu vois, quand tu veux, tu arrives à comprendre...

— Eh bien vas-y, ne te gêne pas !

JB ne put retenir ses ardeurs et gifla Thibault. Le jeune homme le fixa droit dans les yeux, attrapa ses clés, puis sa veste, recula jusqu'à la porte sans détourner son regard et quitta les lieux sans dire un mot. Catherine courut jusque dans la rue pour tenter de le retenir.

— Maman, j'en peux plus de ce type !

— Calme-toi, Thibault. Tu sais que tu as mon soutien.

— Laisse-moi, s'il te plaît. J'ai envie d'être un peu seul.

— Reviens vite, d'accord ? J'aimerais qu'on parle tranquillement, juste toi et moi. C'est très important.

— D'accord, maman.

Catherine était gelée. Il faisait froid dehors et elle portait un simple chemisier qui flottait au-dessus de son jean. Ses pieds nus étaient juste couverts de chaussons. Elle courut jusqu'à chez elle et dut sonner ; la porte s'était refermée et une clé était indispensable pour l'ouvrir. Pendant les longues minutes d'attente sur le seuil de sa propre maison, elle adressa un sourire et un bonjour bref à la dame aux chats qui, probablement, rentrait du parc Bordelais. Un instant elle se demanda ce que cette femme penserait d'elle, en la voyant dans cet accoutrement, prisonnière à l'extérieur de sa maison. Puis elle pensa à sa mère. Elle se dit qu'il lui fallait absolument arrêter de se poser ce genre de questions. Peu importe ce que les gens pensaient d'elle. Elle devait apprendre à dépasser le regard des autres, exister pour ce qu'elle était et surtout plus ce qu'elle représentait. Être, et ne plus chercher à paraître.

— Enfin ! Il fait froid, tu sais... dit Catherine lorsque JB daigna enfin lui ouvrir la porte.

— Tu n'avais qu'à pas sortir. J'ai dû faire ton travail et couper le gaz avant que ton poisson brûle.

— Tu veux peut-être que je te remercie ?

— Décidément, tu dérailles complètement en ce moment, ma pauvre. Tu devrais aller voir ta mère pour te faire recadrer...

— Laisse ma mère tranquille !

JB trahissait par son ricanement son étonnement devant la réaction de sa femme, plus tranchée que d'ordinaire. Il

secoua la tête et la défia du regard.
— Vas voir un psy, alors. Et emmène ton fils avec toi, vous ferez d'une pierre deux coups...

Le soir, Catherine attendit de deviner à distance le son graveleux des ronflements de son mari, qui avait dû s'endormir une fois de plus sur le dos, pour se décider à le rejoindre dans la chambre. Elle l'observa un moment avant de se glisser dans les draps. Cet homme ne lui inspirait plus que dégoût. Allongée près de lui, elle le sentit se tourner de son côté. La nuisance sonore du bruit qui émanait de son arrière-gorge allait ainsi se réduire à néant, mais un nouveau risque planait désormais et ne redoutait qu'une chose : que ses mains vicieuses se posent quelque part sur son corps. Malgré la fine couche de protection que constituait son pyjama, elle se supportait plus l'idée qu'il la touche ou qu'il l'effleure.

Elle ne parvint finalement à s'endormir qu'après avoir entendu Thibault rentrer, tard dans la nuit. Pour la première fois de sa vie, elle avait craint qu'il ne revienne pas. Son soulagement la plongea dans un profond sommeil.

31. Fin de période

Tous les matins, la rue se mettait en éveil avec le même rituel : avant le lever du jour, les éboueurs ramassaient tantôt les ordures ménagères, tantôt les déchets recyclables. Les lève-tôt -souvent par obligation-prenaient la route pour se rendre à leur travail; certains travaillaient sur le bassin d'Arcachon, d'autres plus loin encore. Cyclistes et piétons quittaient leur maison pour eux aussi commencer leur journée. Puis venait le tour des parents qui déposaient leurs enfants à l'école maternelle au bout de la rue. À partir de ce moment, les boulevards et la rue de l'Ecole Normale voyaient la circulation se densifier sensiblement, minute après minute. Pour être à l'heure à son travail, tout se jouait à un quart d'heure près pour ceux qui se déplaçaient en voiture. La rue de Bruno et Vanessa se transformait en jeu de chaises musicales : les voitures garées le matin n'étaient plus les mêmes quelques minutes, quelques heures plus tard. Tout ce petit monde grouillait dans la ville où chacun connaissait la direction à suivre le matin, puis le soir dans le sens inverse.

Ainsi se perpétuait la routine de cette petite rue bordelaise, chaque jour de la semaine, avec juste une pause les samedis et dimanches. Comme la plupart des véhicules, le scooter de JB disparaissait de son stationnement chaque matin, puis réapparaissait chaque soir, à des heures variables.

Après l'effervescence des départs au travail de bon matin, la circulation redevenait plus fluide, puis calme. Les gens pressés laissaient la place à ceux qui avaient le temps ou qui étaient organisés sur un autre rythme. La rue voyait quelques piétons, souvent des propriétaires de chiens ou bien des retraités, emprunter le chemin pour se rendre au parc bordelais ou faire quelques courses. La dame aux chats faisait partie des plus matinaux et des plus discrets.

Catherine aimait ce moment de la matinée où tout s'apaisait. Ne plus voir le scooter de son mari garé devant la maison constituait déjà une libération, ne plus entendre les bruits de voiture, les klaxons, les gens, lui indiquait que sa journée pouvait commencer.

Sa femme de ménage ne venait plus. JB avait décrété qu'elle disposait de suffisamment de temps pour assurer seule les tâches ménagères, et qu'elle serait plus productive en s'occupant de la maison qu'en discutant de choses inutiles avec sa voisine. Catherine, prise de court et désolée de cette décision brutale, avait téléphoné à sa femme de ménage pour la remercier de sa fidèle collaboration et lui souhaiter une belle continuation. Cette dernière lui répondit froidement ; Catherine comprit rapidement que JB lui avait formulé des reproches quant à la qualité de son travail, selon les dires de sa femme. Sa gêne laissa place à une colère qui ne cessait de monter. Son mari, qui avait presque tout piloté durant des années, était en phase de prendre le contrôle intégral de sa vie.

À la maison, elle redécouvrait certaines tâches oubliées avec un certain entrain. Lessives, repassage, nettoyage des sanitaires, des sols, des vitres, poussière, aération des pièces, toutes ces activités rythmaient de nouveau ses journées après de nombreuses années où elle en avait été délestée grâce à sa femme de ménage. D'une certaine manière, elle se sentait utile et avait la sensation de reprendre la main sur sa maison, dont elle était redevenue la seule maîtresse de l'organisation. Parmi toutes ces tâches quotidiennes, elle réalisait qu'elle serait bientôt allégée de tout ce qui concernait Thibault. Le lavage et le repassage de ses chemises, de ses pantalons, de son linge de lit, de ses serviettes de toilette, la réunification des chaussettes pour former des paires, et bien d'autres choses encore disparaîtraient soudainement de ses journées. Elle ressentait déjà le vide qu'allait provoquer le départ de son fils. Elle percevait combien ces petites choses, qui la faisaient soupirer quand elle était jeune maman, témoignaient de la présence de celui qui comptait le plus pour elle sur cette Terre.

Thibault allait prendre son envol, ce qui était dans l'ordre des choses. Malgré le pincement au cœur à l'idée de le voir partir, elle l'avait accepté. D'ailleurs, elle aussi n'était plus très loin de prendre son envol. Jour après jour, depuis ses échanges avec Alex puis la rupture avec sa mère, elle avait ouvert les yeux. Elle ne connaissait pas encore sa destination, mais elle savait ce qu'elle ne voulait plus. Les choses ne seraient pas simples car elle sentait le danger. Comme un canari dans une cage qui commence à s'oxyder, elle ne pouvait se détourner du prédateur qui, insidieusement, guettait toute tentative d'évasion et qui, d'un seul geste, pouvait l'avoir à sa merci.

À la compagnie, et à sa grande surprise, Bruno fut convoqué par le directeur des ressources humaines dans son bureau. Il le félicita pour son implication, son efficacité et sa rapide intégration, puis lui tendit un contrat de travail à durée indéterminée.

— Si vous voulez continuer avec nous, vous n'avez plus qu'à signer !

Bruno sentit un immense soulagement et une grande joie après les épreuves qu'il avait surmontées depuis son arrivée à Bordeaux.

— Monsieur, vous avez de belles perspectives au sein de la compagnie. Vous avez la fibre commerciale, le sens de l'organisation et des aptitudes en management. Je suis ravi de notre collaboration.

— Merci. Je ne m'attendais pas à ce que vous m'appeliez si vite. Je pensais que cela serait vu avec monsieur Robillard...

Le directeur des ressources humaines lui expliqua que JB ne reviendrait pas de sitôt dans la compagnie, sans pour autant être en mesure de lui en dire davantage. Bruno, qui n'était pas au bout de ses surprises, promit de ne rien ébruiter. Il se doutait que cela avait un rapport avec les accusations de harcèlement qui pesaient sur lui. Bien que profondément heureux de son nouveau contrat de travail, Bruno pensait à l'inconfort qu'allait engendrer la situation de JB, qui était initialement son voisin, puis son ami. Il s'attendait à le croiser souvent du côté de chez lui et songeait à trouver un prétexte pour ne plus profiter du coach sportif avec lui en début de semaine.

Bruno profita de la pause déjeuner pour annoncer la nouvelle de son embauche définitive à Vanessa. Il lui fit part également de son hésitation à remercier JB qui était, quoi qu'il en fût, à l'origine de ce nouveau départ pour lui. Son épouse lui conseilla de lui transmettre un simple texto, sans faire allusion aux affaires qui concernaient JB et dont il ne savait finalement pas grand-chose.

JB, je viens de passer en CDI. Merci pour tout ce que tu as fait pour moi. J'espère avoir l'occasion de te croiser bientôt. Bruno.

JB ne tarda pas à lui répondre :

Bruno, merci pour ton message. C'est sûrement mérité. Je dois régler actuellement quelques tracas personnels et reviendrai vers toi lorsque les choses rentreront dans l'ordre. À bientôt, JB.

Bruno n'en saurait pas davantage concernant les ennuis de son voisin, et cela était probablement mieux ainsi. Si sa situation s'était largement améliorée grâce à leurs relations amicales, il préférait désormais ne plus mélanger vie privée et vie professionnelle. En revanche, les choses étaient quelque peu différentes concernant Vanessa et Catherine. Une sincère amitié était née entre les deux femmes. Catherine s'était confiée, avec pudeur, à son amie, sur quelques aspects dissonants dans ses relations avec son mari, sans pour autant tout dévoiler. Vanessa sentait bien qu'un lourd poids pesait sur ses épaules, mais elle respectait son amie et ne cherchait en aucune façon à la brusquer dans ses révélations. Elle se doutait que les relations entre JB et Thibault devenaient compliquées et que Catherine s'était affectivement éloignée de son mari. Elle ignorait néanmoins l'existence et le rôle d'Alex, que Catherine, en confiance avec son amie, ne devrait tarder à lui évoquer. Si Vanessa bénéficiait d'une excellente intuition et d'une grande finesse d'analyse, elle n'avait pourtant pas anticipé la suite des événements et surtout une chose que personne ne pouvait à ce moment imaginer : Catherine était en grand danger.

32. La bascule

Catherine ne put fermer l'œil de la nuit. Elle pensait à ses échanges avec Alex, à leurs retrouvailles imminentes, à l'émotion de leur premier regard sur le quai de la gare, à la révélation de sa paternité, aux gestes qu'ils auraient l'un envers l'autre, au temps qui passerait trop vite, à leur séparation, quand lui prendrait la direction de Paris et elle, de Bordeaux.

Elle devait monter dans le train de 10 heures, pour Poitiers. Il lui fallait donc partir de chez elle environ une heure plus tôt, pour arriver à temps à la gare Saint-Jean de Bordeaux. Ce matin-là, JB contribua largement à faire monter la pression en elle. Après avoir -plus que d'ordinaire- pris un temps particulièrement long à se préparer, il quitta enfin la maison mais revint une dizaine de minutes plus tard. Catherine était à ce moment-là dans sa chambre, face à son dressing, en train de choisir la tenue la plus adaptée à une météo capricieuse et aux circonstances spéciales de ces retrouvailles. JB prétexta avoir oublié un dossier pour son travail et repartit après lui avoir fait remarquer qu'elle était toujours en pyjama. Cette fois, elle se posta un certain temps derrière le rideau de la fenêtre et guetta le moment où le scooter allait démarrer et partir pour de bon.

Ce jour-là, elle ne prêta pas attention à la caméra. Bien que se sachant épiée, elle avait décidé de vivre sa vie comme elle l'entendait et se s'absenter de chez elle sans ressentir un quelconque besoin de se justifier. Elle avait opté pour une tenue simple, une robe droite marron avec à ses pieds des bottes cavalières et par-dessus un manteau trois-quarts anthracite. Elle prit son sac à main et se dirigea vers la porte d'entrée. Puis elle s'arrêta un instant, et revint sur ses pas. Elle regarda sa montre ; elle était largement dans les temps pour avoir son train. Le printemps se faisait attendre et il ne faisait pas très chaud dehors. Elle descendit rapidement à la cave, attrapa sa boîte à souvenirs, au milieu des étagères, et l'ouvrit. Elle prit délicatement son étole en soie écrue, celle du bal, celle de l'inoubliable première rencontre avec Alex, qu'elle n'avait jamais portée depuis. Elle la disposa élégamment autour de son cou et se regarda brièvement dans le miroir de l'entrée. Elle esquissa un sourire ; avec ses cheveux bouclés et son étole, elle ressemblait à celle qu'elle était vingt années plus tôt.

Catherine faisait partie de ces femmes que les années ne marquent pas, ou très peu. Elle demeurait intimement persuadée que l'éternelle jeunesse de son visage et de son corps avait une explication -bien que peu rationnelle : son esprit était resté figé après le départ d'Alex pour l'Afrique, comme si le temps s'était arrêté pour elle. En outre, elle s'attendait à le revoir un peu comme s'ils s'étaient quittés la veille, comme si ces vingt-et-une années n'avaient été qu'une espèce de parenthèse qui pouvait s'effacer d'un coup de gomme.

Elle aperçut près de la porte le parapluie de Vanessa, qui avait dû l'oublier quelques jours plus tôt. Elle hésita un instant à le lui apporter puis décida finalement de lui rendre plus tard. Impatiente de monter dans le train, elle n'avait nulle envie de partager avec qui que ce soit, même sa voisine, l'incroyable journée qui l'attendait.

Elle aurait pu commander un taxi mais elle avait opté pour les transports en commun, plus discrets. Cela lui épargnait de possibles commérages de la part des voisins. Dans le bus, elle vérifia plusieurs fois le contenu de son sac et la présence de son billet de train. Durant certains moments d'excitation ou d'incertitude, de vieilles manies réapparaissaient, comme s'assurer à plusieurs reprises que les choses avaient été faites correctement alors qu'elle en avait la certitude. Le bus s'arrêta à son terminus, gare Saint-Jean. Catherine observa le ciel bien chargé, annonciateur de giboulées. Elle songea qu'elle aurait peut-être mieux fait de prendre un parapluie.

Sur les écrans du hall de gare, son train était affiché. Elle vérifia pour la énième fois qu'il était bien prévu un arrêt en gare de Poitiers, comme si soudain la SNCF avait décidé de le supprimer. Elle savait que c'était stupide mais elle regarda tout de même. Rassurée, elle ressentit à ce moment une grande émotion et pensa à Alex, qu'elle pourrait enfin revoir, en vrai, dans moins de deux heures.

Alors qu'elle se dirigeait vers les quais, elle sentit soudain une main l'attraper par le bras et la serrer suffisamment fort pour qu'elle s'arrête brutalement.

— Fin du voyage ! entendit-elle, horrifiée de reconnaître cette voix.

Catherine crut se pétrifier sur place et se décomposa littéralement quand elle découvrit JB face à elle. Aucun mot ne put sortir de sa bouche. Comme dans un mauvais rêve, elle eut l'impression à partir de cet instant de perdre tout contrôle de ses membres, de ses gestes, de ses paroles. Elle aurait voulu courir de toutes ses forces pour s'extirper des mains de son mari qui lui serraient le bras comme un rapace quand il ne lâche plus sa proie. Mais elle ne le pouvait pas. Elle aurait voulu crier au secours pour que le monde qui l'entourait dans ce hall vienne la délivrer. Mais elle n'en avait plus la force. Elle aurait voulu lui dire sa haine et son dégoût, son envie d'en finir avec ce mariage qui n'avait plus aucun sens. Mais les mots ne sortaient plus.

— Donne-moi ton sac ! ordonna JB.

Catherine s'exécuta. Elle le vit lui confisquer son téléphone, ses clés, et fouiller dans son sac à main. JB lui rendit son sac, l'attrapa de nouveau d'un mouvement sec, par le bras, et exigea qu'elle le suive jusqu'à un taxi. Tous deux furent silencieux comme des tombes durant tout le trajet. À chaque feu rouge, elle s'imaginait, d'un coup, détacher sa ceinture, ouvrir la porte et s'enfuir, courir jusqu'à la gare, monter dans le train et ne jamais revenir. Elle rejoindrait Alex sur le quai de la gare de Poitiers, lui exposerait la situation ; il comprendrait et lui proposerait de le suivre à Paris ; elle s'installerait dans son petit appartement ; elle abandonnerait sa grande maison, les mondanités, le matériel, le futile, l'ostentatoire de sa vie d'avant ; ils pourraient reprendre leur histoire là où ils l'avaient laissée ; ils se promettraient de ne plus jamais se quitter ; elle officialiserait son divorce avec JB et aurait dévoilé à Thibault toute la vérité ; elle ne verrait plus jamais JB ; elle pourrait peut-être même faire la paix avec sa mère.

Mais, comme Francesca dans le film "Sur la route de Madison", elle n'ouvrit pas la porte. Elle resta figée à l'arrière du véhicule, à côté de son mari, immobile, muette, résignée. Le taxi finit sa course devant sa maison.

JB lui demanda froidement d'entrer à l'intérieur puis de s'asseoir dans le canapé. Elle l'entendit ouvrir le réfrigérateur et se servir un verre. À leur grande surprise, Thibault était dans la maison et les rejoignit dans le salon.

— Qu'est-ce que tu fais là, toi ? demanda JB.

— Et toi ? Tu n'es pas au travail ? répondit Thibault.

— C'est moi qui pose les questions. Alors ?

Thibault refusa de lui répondre et remarqua l'ambiance glaciale qui régnait entre ses parents.

— Qu'est-ce-qui se passe ? Il y a un problème ? Papa, tu peux m'expliquer ?

— Demande à ta mère, je crois que c'est plutôt à elle de

fournir des explications !

— Papa, arrête de mal parler à maman. Cela devient insupportable...

— Alors Thibault, écoute-moi bien : un, je parle à ta mère comme elle le mérite ; deux, ne m'appelle plus jamais papa. Plus jamais, tu m'entends ? exhorta-t-il avec virulence.

Thibault regarda tour à tour sa mère et JB, ne comprenant rien à la situation. Il lut sur le visage de sa mère un mélange de peur et de détresse. JB reprit les rênes de la conversation.

— Ta mère a toujours refusé que l'on te dise la vérité.

— Quelle vérité ? dit Thibault, interloqué.

Son anxiété était palpable.

— Je ne suis pas ton père. Je t'ai reconnu à ta naissance pour éviter à ta mère de se retrouver sans travail, toute seule, dans la précarité, avec un enfant sans père et sans éducation.

Catherine baissa les yeux et prit sa tête entre les mains. Thibault comprit que les propos de JB pouvaient être exacts.

— Maman ? Est-ce que tu peux m'expliquer ?

— Oui, Thibault. Bien sûr. Mais pas ici, pas maintenant.

— Ça fait vingt ans que tu me mens et je dois encore patienter, tu es sérieuse ? Et toi, ajouta-t-il en se dirigeant vers JB, je parie que tu te sens mieux maintenant, pas vrai ? déclara-t-il avec véhémence.

— Un peu de respect, s'il te plaît, Thibault ! Je te rappelle que tout ce que tu as, j'ai travaillé dur pour que tu l'aies ! Alors baisse d'un ton !

Thibault monta dans sa chambre, à la fois choqué et furieux. Il redescendit quelques minutes plus tard avec une petite valise. Catherine se leva du canapé pour le rejoindre près de l'entrée.

— Qu'est-ce-que tu fais ?

— Je me casse de cette maison, répondit-il brutalement.

– Non, Thibault, je t'en supplie. Ne fais pas ça, implora-t-elle.

– Je te faisais confiance, maman... Si tu savais à quel point tu me déçois..., répliqua-t-il avec désarroi, avant de claquer la porte.

Catherine s'effondra en larmes, et ne pouvait le retenir. Les jambes tremblantes, elle se tenait à peine debout. Le temps semblait s'être arrêté. Son fils venait de partir et elle se trouvait complètement vidée, épuisée, démunie. Quelques minutes plus tard, -ou quelques heures, elle avait perdu la notion du temps-, elle entendit de nouveau la porte d'entrée claquer. JB venait de sortir, lui aussi ; sauf que lui allait revenir. Il tenait trop à son rang social, et à l'image qu'il renvoyait pour la quitter de cette manière. Après l'avoir réduite en cendres une première fois, il pourrait encore une fois sauver les apparences en s'attribuant le beau rôle. Le rôle d'un homme qui porte à bouts de bras sa femme instable, fragile et totalement assistée.

Seule dans sa maison, Catherine resta un long moment assise dans le salon, en se tenant la tête. Elle finit par se lever pour chercher son téléphone portable, en vain. Elle se souvint que son mari le lui avait subtilisé à la gare, et comprit qu'il voulait la couper de tout ce qui lui était cher et précieux. Elle s'approcha de la cheminée, sur laquelle était posé le téléphone fixe. Elle composa le numéro de Thibault, qui, sans surprise, ne décrocha pas. Elle ne put parvenir à lui laisser un message. Ses sanglots devenaient incontrôlables.

Elle avança vers la malle en bois où étaient rangées les bouteilles d'alcool et attrapa le whisky de JB. Elle se servit un verre entier et le but d'une traite. Peu habituée aux alcools forts, elle se mit à tousser sans pouvoir s'arrêter. Elle ouvrit le réfrigérateur et remplit son verre de jus de fruits pour adoucir sa gorge. Sur les conseils de son coach sportif, elle concoctait des jus faits maison à base d'agrumes et de gingembre et avait pris l'habitude d'en boire plusieurs fois par jour. Sauf que le jus qu'elle venait d'avaler n'avait pas le goût du gingembre, et encore moins d'un mélange d'agrumes. Elle n'y prêta que partiellement attention. Le whisky lui faisait tourner un peu la tête et ses émotions l'avaient totalement déstabilisée. Assez rapidement, elle sentit ses lèvres la picoter.

Prise d'un doute étrange, elle ouvrit le shaker de JB -le noir- et approcha son nez pour en deviner la composition. La panique commença à la gagner lorsqu'elle reconnut l'odeur de ses jus à elle dans le shaker de son mari. Elle reprit son verre et le porta à son nez : un frisson glacial l'envahit lorsqu'elle comprit que JB avait inversé le contenu des shakers. Elle venait de boire une préparation qui contenait du kiwi.

Après les lèvres, son palais devint rêche, sec et piquant. Puis sa gorge. Catherine saisit qu'il ne fallait pas attendre une minute de plus. Elle chercha son sac à main, qu'elle avait posé sur le canapé dans le feu de l'action après l'épisode du taxi. Dans son sac, elle attrapa la petite trousse et l'ouvrit. Ses mains se mirent à trembler soudain lorsqu'elle découvrit que la trousse était vide. Les antihistaminiques et la piqûre d'adrénaline avaient disparu. Sa respiration s'accéléra et son cœur s'emballa. Elle courut vers la salle de bain et chercha désespérément une solution dans la boîte à médicaments. Les picotements avaient cédé la place à une autre sensation, comme si le feu embrasait son palais à sa trachée. Sa gorge la brûlait et commençait à gonfler. Elle puisa dans ses dernières ressources pour atteindre le téléphone et appeler les urgences. Sa voix était éraillée mais encore audible pour pouvoir transmettre les informations capitales pour se donner une chance de s'en sortir : son allergie, l'œdème de Quincke, le risque de choc anaphylactique, son adresse.

Elle s'allongea sur le canapé et plaça un coussin sous sa tête pour la surélever et essayer de respirer encore jusqu'à l'arrivée des secours. Malgré sa position allongée, favorable à un ralentissement du rythme de sa respiration, elle sentait l'œdème qui continuait à gonfler. L'air ne passait presque plus. Durant ses derniers instants de conscience, elle savait qu'il ne restait que quelques minutes pour agir. Elle ne voyait plus que la lumière rouge de la caméra, qui devait être en position d'enregistrement, puis perdit connaissance.

Dehors, les éclaircies alternaient avec les averses. JB gara son scooter et courut jusqu'à sa porte, trempé. Il se déchaussa dans l'entrée, jeta sa veste sur le porte-manteau et se dirigea directement vers le salon sans même avoir retiré son casque, comme s'il était impatient de découvrir sa femme inanimée. Il la regarda avec condescendance et rangea la bouteille de whisky dans le coffre en bois. Il s'approcha du visage de Catherine et sembla vérifier si elle respirait encore. En se relevant, il vit la lumière rouge de la caméra. Furieux, il réalisa qu'il était pris à son propre piège : le système enregistrait les visages "inconnus", et, à cause du casque, il était filmé depuis son entrée dans le salon. Il retira son casque, attrapa la caméra et la jeta violemment sur le sol.

Quelqu'un sonna à la porte une première fois. Puis une seconde. Comme JB entendait du bruit et de l'agitation à l'extérieur, il s'approcha et comprit, en devinant les lumières des gyrophares, que le SAMU était là. Il n'eut pas d'autre choix que d'ouvrir la porte. Vanessa était là, avec les médecins du SAMU. Pris de court et surpris, JB se résolut à les accompagner jusqu'à Catherine.

— Vous étiez là au moment du malaise de votre femme ? demanda un médecin à JB.

— Non. Je viens juste de rentrer du travail.

Vanessa le regarda avec défiance. Elle savait qu'il était mis à pied et ne se rendait plus à la compagnie depuis quelque temps. JB lui demanda ce qu'elle faisait dehors, devant la porte, avec les secours. Elle lui répondit simplement qu'elle était sortie à ce moment-là pour récupérer son parapluie oublié chez son amie.

— C'est toi qui as appelé les secours ? demanda Vanessa.

— Qui d'autre ? lui répondit-il en haussant les épaules.

— Qu'est-ce qui s'est passé ?

— Je n'en sais rien ! Elle te parle plus à toi qu'à moi… Tu ne la trouvais pas un peu bizarre, ces derniers temps ?

Vanessa comprit ce que JB sous-entendait. Sa femme serait peut-être dépressive. Le malaise pourrait être la conséquence d'un acte volontaire et non d'un accident.

Pendant ce temps, les médecins s'activaient autour de Catherine.

— Avait-elle une piqûre d'adrénaline sur elle ? demanda un médecin.

— Oui, tout à fait, répondit JB.

— Vous pensez qu'elle a pu se l'injecter ?

— Elle a dû le faire, je pense.

Le médecin était sceptique, car aucun emballage de piqûre ne traînait autour de Catherine. Le diagnostic fut rapide et sans appel. En détresse respiratoire, sa tension avait brutalement chuté. En plein choc anaphylactique, elle se vit prodiguer des soins d'urgence avec une injection d'adrénaline dans la cuisse. Elle fut ensuite transportée dans l'ambulance, en position allongée. Le couloir de la maison était assez étroit et plusieurs vêtements tombèrent du porte-manteau après le passage des médecins. Vanessa, qui suivait le brancard, remit les vêtements en place et découvrit sur le sol le contenu des poches qui s'étaient vidées : le téléphone de Catherine, ses clés et sa piqûre d'adrénaline. Elle supposa que ces objets se trouvaient dans son manteau, qui était tombé du porte-manteau avec la veste de JB et d'autres vêtements. Si la présence du téléphone et des clés dans une poche lui semblaient plutôt logique, cela lui parut moins évident concernant la piqûre ; Catherine était très ordonnée et aurait su où chercher l'injection au moment du malaise. Son intuition lui dictait que les choses n'étaient pas claires. Elle prit le manteau, les clés, la piqûre et le téléphone de son amie avec elle, puis récupéra également son parapluie et se rendit à l'hôpital pour prendre de ses nouvelles.

Dehors, la pluie s'était arrêtée. L'ambulance stationnée dans la rue avec le gyrophare allumé avait provoqué l'attroupement de quelques voisins curieux. La dame aux chats, qui revenait probablement du parc bordelais, observait la scène discrètement. Elle entendait les suppositions des uns et des autres sur ce qui venait de se produire : accident, tentative de suicide, dépression, les hypothèses et jugements fusaient. Comme à son habitude, elle ne dit rien et lorsqu'elle écouta quelqu'un affirmer "qu'elle avait tout pour être heureuse" en parlant de Catherine, elle poursuivit son chemin, lasse d'entendre autant de suppositions infondées. Une façade cossue en pierre dans un quartier huppé, une belle situation professionnelle pour le mari, l'élégance de toute une famille, un sourire apposé en toutes circonstances, tous ces signes apparaissaient donc aux yeux de beaucoup comme des indicateurs du bonheur. La vieille dame trouvait déjà beaucoup de choses absurdes dans notre monde ; mais ce jour-là, elle réalisa combien, en plus d'être absurde, cette société n'avait finalement fondé l'idée de réussite que sur des critères d'une subjectivité et d'une superficialité abyssales.

Quant à JB, il ne bougea pas de chez lui, prétextant

devoir avancer sur des dossiers professionnels. La réalité était quelque peu différente puisqu'il devait s'entretenir avec son avocat au sujet des accusations de harcèlement sexuel qui pesaient sur lui. La tournure espérée par l'avocat était un arrangement amiable avec la plaignante, qui sous-entendait sa démission de la compagnie d'assurances dont il assurait le poste de directeur général. JB aurait aimé régler le problème avec un gros chèque mais ce n'était pas si simple. L'argent pouvait certes acheter beaucoup de choses, mais la dignité et l'honneur devaient se mériter, ne lui en déplaise.

33. Le réveil

À son réveil, Catherine reconnut immédiatement l'atmosphère et l'ambiance olfactive de l'hôpital. Les odeurs avaient ce pouvoir surprenant de faire voyager dans le passé et renouer avec des tranches de vie révolues, comme si elles dataient de la veille. La première image qui lui vint fut ce jour où elle avait fui le cabinet médical, renonçant à avorter. Elle avait décidé de garder son bébé, Thibault, et avait trouvé le courage d'agir, à l'encontre de sa mère et des convenances de son milieu. Elle se demandait comment les choses auraient évolué si elle avait avalé ces comprimés pour interrompre sa grossesse. Peut-être n'aurait-elle pas épousé JB. Peut-être que sa mère aurait fini par lui dévoiler les lettres d'Alex. Peut-être aurait-elle eu d'autres enfants, ou pas. Elle ne regrettait rien. Elle avait assumé son choix et donné tout l'amour qu'elle pouvait à Thibault. Toutefois, elle s'en voulait de ne pas avoir pris les devants en lui expliquant la vérité au sujet de son père. Il se serait construit différemment. Il n'aurait pas grandi avec l'idée que son père le rejetait. Et surtout, il n'aurait pas quitté la maison furieux avec le sentiment d'avoir été trahi par sa mère.

Catherine était encore physiquement dans un état second, en semi-réveil, mais elle avait les idées bien claires. Une infirmière lui rendit visite pour vérifier son prompt rétablissement.

— Comment vous sentez-vous, madame Robillard ?

— Ça va. J'ai encore mal à la gorge, ça me brûle toujours. Mais je respire. C'est tout ce qui compte.

— Vous avez eu de la chance. C'était une question de minutes.

— Je me souviens, oui. J'ai eu très peur.

— C'est la première fois que vous avez ce genre de crise ?

— Ma dernière réaction au kiwi remonte à très longtemps. J'étais adolescente. Le corps n'oublie pas, la preuve. Cela a été tellement rapide…

L'infirmière demanda à Catherine si elle se sentait apte à accueillir quelques minutes une amie, qui lui rendait visite. C'était Vanessa.

Intriguée par ce que venait de subir son amie, elle s'efforça néanmoins de ne pas être trop intrusive avec ses questions. Elle lui rendit son téléphone, ses clés et sa piqûre d'adrénaline, et perçut en retour un certain étonnement chez Catherine.

— Peux-tu me dire où tu as retrouvé tout cela ? interrogea celle-ci.

— Quand le brancard est passé dans ton couloir, il a renversé le porte-manteau, répondit Vanessa.

— Tu étais seule à ce moment-là ?

— Non, les médecins me précédaient.

— Et JB ?

— Il est resté dans le salon, je crois.

Vanessa crut saisir le sens de la question de son amie, qui tentait surtout de déterminer si JB était près d'elle quand elle a récupéré les clés et le reste. Elle n'en demanda pas davantage et supposa une possible discorde entre son amie et son mari, sans pour autant en évaluer ni l'ampleur ni la gravité.

— Je vais rentrer chez moi aujourd'hui ou demain, dit Catherine.

— Déjà ?

— Oui, ces choses-là vont très vite et quand l'issue est favorable, tout rentre dans l'ordre rapidement.

Vanessa fut surprise que son amie ne soit pas placée quelques jours en observation, mais il en était ainsi. En outre, elle n'osa pas lui poser davantage de questions, malgré les nombreuses interrogations qu'elle avait en tête. Au moment où elle se dirigea vers la sortie de la chambre de Catherine, cette dernière lui livra toutefois un indice dans ses dernières paroles.

— Vanessa !

— Oui ?

— J'aimerais beaucoup que tu viennes prendre un café à la maison, comme avant.

— Compte sur moi !

Vanessa la quitta avec un sourire ému.

Quand la porte se referma, Catherine attrapa son téléphone portable et composa le numéro de Thibault. L'idée qu'il coupe le dialogue avec elle lui était insupportable. De nouveau, il ne répondit pas, mais cette fois elle lui laissa un message en espérant de toutes ses forces qu'il l'écouterait jusqu'au bout. Elle lui dit combien il ressemblait à son père, qu'elle avait tant de choses à lui raconter, qu'elle l'aimait plus que tout. Elle le supplia de revenir mais ne put finir sa phrase. Sa gorge se noua de nouveau. Elle raccrocha et lui envoya un texto avec les coordonnées téléphoniques et l'adresse e-mail de son père.

Elle réalisa soudain qu'Alex n'était pas au courant de sa paternité, qui aurait dû lui être révélée lors de leur rendez-vous manqué en gare de Poitiers. Elle commença à rédiger un message dans les notes de son téléphone, qu'elle pourrait ensuite lui envoyer. Elle le corrigea, l'effaça, le lut, le relut, l'effaça de nouveau, le réécrivit en s'y reprenant plusieurs fois. Faire de telles révélations à distance était en opposition avec ses valeurs et son mode de fonctionnement, mais elle n'avait guère d'autre solution.

Alex,

Je te dois quelques explications. Je te préviens juste que ce que tu vas lire risque de te surprendre, de te choquer et j'en suis désolée par avance.

Hier, je m'apprêtais à me rendre sur le quai pour te retrouver à Poitiers. Un ensemble de circonstances dont je ne peux te parler maintenant par voie écrite a fait que je me suis retrouvée le soir même à l'hôpital, dans un état critique. Je suis tirée d'affaire à l'heure où je t'écris. Pendant ces quelques heures apocalyptiques, j'ai perdu cette occasion de te voir et de te parler, et j'ai aussi perdu mon fils. Mon fils, Thibault, mon unique enfant, celui que je chéris tous les jours depuis vingt ans, m'a tourné le dos. Il m'a tourné le dos parce qu'il a compris, de la pire des manières -par écrit je ne peux pas tout t'expliquer, je te promets de le faire plus tard- que son père n'était pas celui qu'il croyait depuis toujours.

C'est cela que je voulais t'annoncer hier, les yeux dans les yeux. Thibault a vingt ans. Son père n'est pas mon mari. Tu as sans doute compris... Tu es son père, Alex. Tu es le père de Thibault. Tu lui as donné ton regard, ta sensibilité, ton intelligence, et aussi, je le pense un peu plus chaque jour, ta vision du monde. Tu as un fils formidable, Alex, et tu serais fier de lui, j'en suis sûre.

Tu dois trouver mystérieuse la teneur de mon propos. Ce qui s'est passé hier est grave. Très grave. Suffisamment pour que ma vie prenne un nouveau cours dès à présent. Je t'expliquerai tout cela bientôt, si tu acceptes de me voir après cet épisode durant lequel j'ai perdu toute maîtrise de tout. J'espère que tu ne doutes pas de ma sincérité.

Alex, mon fils -notre fils- a quitté la maison, hier. Je lui ai transmis tes coordonnées. Il va sûrement prendre contact avec toi. Jamais vous ne pourrez rattraper les vingt années perdues, gâchées. Par ma mère qui m'a caché tes lettres. Par mon mari qui m'a convaincue d'attendre, d'attendre encore et toujours, avant de dire la vérité à Thibault. Par ma faiblesse, ma soumission à l'autorité d'un mari et d'une mère, à moins que ce ne soit juste un abaissement à un système, comme tu l'expliques très bien, qui nous aliène tellement qu'il nous empêche de vivre tels que nous sommes et non tels que nous voulons être perçus des autres. L'être et le paraître, encore et toujours. Tu as tellement raison, Alex. Tellement.

Je vais rentrer chez moi aujourd'hui ou demain. Je vais avoir besoin de courage, de force. Mais je crois en avoir plus aujourd'hui que je n'en avais hier. Et j'en aurai encore plus demain. J'ai choisi de me relever, d'avancer, de ne plus laisser personne décider à ma place. Je sais qu'il y aura de la casse. Tant pis.

Je te laisse pour affronter mes derniers démons. Et je te laisse pour que toi aussi tu affrontes ces mots que j'aurais tant aimé de dire de vive voix. J'espère que tu ne m'en voudras pas. Mais ce que j'espère par-dessus tout, c'est que toi et Thibault, à défaut de rattraper ce qui ne peut l'être, parcouriez un bout de chemin ensemble. Faites-le pour vous.

Je t'embrasse, Alex. Catherine.

Catherine copia puis colla le texte dans un message qu'elle envoya aussitôt à Alex. L'infirmière frappa à la porte et lui apporta une collation.

— Madame Robillard, tout va bien ?

— Appelez-moi Catherine.

Elle se dit à cet instant que son nom de famille, Robillard, n'était finalement qu'un mot apposé à son prénom sur un bout de papier et que son vrai nom était -et avait toujours été- Duranteau. Elle ne voulait plus porter ce nom. Elle refusait cet artifice de plus où les femmes, à une époque, avaient cette obligation que de porter le nom de leur mari. Elle voulait tourner la page. Et elle le ferait, quoi qu'il advienne.

— D'accord. Mais alors, dans ce cas, appelez-moi Julie.

Catherine sourit.

— Julie, vous avez un beau métier. Et vous le faites bien. On a tellement besoin de gens comme vous. Je vais presque regretter de quitter ces lieux !

— Vous êtes gentille. Vous savez, cela ne fait pas très longtemps que je suis infirmière.

— Que faisiez-vous avant ?

— Je travaillais dans les assurances. C'est une reconversion professionnelle totale pour moi.

— Dans les assurances... Je comprends que vous ayez voulu passer à autre chose.

— Et je ne le regrette pas le moins du monde ! Je me sens plus que jamais à ma place, aujourd'hui.

Catherine lui demanda le nom de la compagnie pour laquelle elle travaillait. Quand elle comprit que Julie était une des anciennes collaboratrices de son mari, elle lui répondit juste qu'elle avait effectivement bien fait de s'en aller. Elle se rappela également les allusions de son mari au sujet de sa collègue qui tardait à démissionner et dont il voulait se débarrasser. Elle déduisit que cette personne se tenait en face d'elle. Une sorte de lien invisible les unissait à leur insu et ce lien allait se renforcer lorsque Julie lui évoqua son parcours de vie.

— J'ai tout plaqué. Mon travail, mon compagnon avec qui je n'étais plus en phase. Je voulais me sentir utile, et surtout ne plus être le maillon d'un système qui écrase les faibles et renforce les puissants. J'ai trouvé l'amour. Je n'ai jamais été aussi heureuse.

— Vous me faites penser à quelqu'un, Julie. Vous pouvez être fière de vous.

Sur ces paroles, Catherine pensait très fort que bientôt, elle aussi pourrait être fière d'elle.

34. À visage découvert

Quand Catherine rentra de l'hôpital, le scooter de JB n'était pas garé devant la maison. Son soulagement fut toutefois rapidement remplacé par un agacement certain : bien que physiquement absent, son omniprésence était pourtant toujours bien palpable ; ses vêtements et ses affaires qui traînaient, son verre à moitié vide posé sur la table du salon, les traces de dentifrice et de mousse à raser sur le lavabo, la vaisselle sale dans l'évier, le lit défait, tout témoignait de sa présence dans cette maison. Toutes ces petites choses qu'elle avait tolérées pendant des années étaient devenues définitivement insupportables.

Avant de mettre de l'ordre dans sa vie, Catherine entreprit d'éradiquer une dernière fois le désordre engendré par la seule présence de son mari. Elle nettoya à la main ce qui ne pouvait l'être au lave-vaisselle. Elle changea les draps et fit le lit au carré avec une nouvelle parure. Elle astiqua le lavabo et le fit briller avec un chiffon à microfibres. Elle rangea la mousse à raser, le dentifrice, la brosse à dents et le rasoir de JB dans sa trousse de toilette. Elle prit une valise dans son dressing et y déposa la trousse de toilette. Elle sortit tous les vêtements de JB de l'armoire et les posa près de la valise.

Elle descendit ensuite dans le salon et alluma l'ordinateur. Grâce aux codes qu'elle avait photographiés à partir du carnet rangé dans le coffre-fort, elle réussit à se connecter au compte rattaché à la caméra connectée. Celle-ci était restée au sol, complètement brisée. Elle put visionner les vidéos du jour de l'accident. Le système, à reconnaissance faciale, enregistrait tous les mouvements qui se produisaient dans le champ de la caméra, dès l'instant qu'un visage non reconnu faisait son apparition. JB avait donc bien été enregistré en entrant chez lui avec le casque de scooter sur sa tête. Catherine put sauvegarder la vidéo et se l'envoyer par e-mail, pour en conserver une trace au cas où son mari tenterait de l'effacer sur le compte internet du système. Elle éteignit l'ordinateur au moment où elle entendit une clé dans la serrure de la porte d'entrée. L'heure était venue de se confronter à son mari. Elle inspira profondément. Pour la première fois de sa vie, elle se sentait prête. Le pas de côté, la sortie des rails, le saut dans le vide, c'était maintenant. Ou jamais.

— Tu es déjà rentrée ? remarqua JB.

Elle ne répondit pas, pensant juste que son mari, décidément, ne changerait jamais. D'ailleurs les gens ne changent pas vraiment, se disait-elle. Il fallait les accepter tels quels, ou pas. Mais essayer de les faire évoluer était une chose vaine, énergivore et inutile. Donc répondre à JB était inutile. Elle devait concentrer ses efforts sur ce qui allait être efficace et productif pour son avenir à elle. Son avenir sans lui à ses côtés.

JB prit un verre et se servit un whisky qu'il but d'une traite avant de le poser sur la table du salon et de se vautrer dans le canapé.

— JB, tu ramasses ton verre, tu le laves et tu le ranges, s'il te plaît.

— Pardon ?

— Tu m'as parfaitement comprise. Tu le fais, s'il te plaît.

— Pourquoi je ferais ça ?

— Parce que je te le demande.

— Dans tes rêves. Va te faire voir !

— Je répète : JB, tu ramasses ton verre, tu le laves et tu le ranges, s'il te plaît.

— Qu'est-ce-qui lui prend, à celle-là ?

Catherine resta de marbre. Elle s'approcha de lui et le fixa du regard. Elle sourit quand elle perçut une légère déstabilisation dans sa posture.

— On dirait que tu vas mieux ! Ils t'ont vite remise sur pied, à l'hôpital.

— Cela te surprend, apparemment... Tu pensais que je ne m'en sortirais pas, n'est-ce pas ?

— Bien sûr que non ! Qu'est-ce que tu insinues ?

— Dis-moi ce que tu as fait pour me sauver; ça m'intéresse de savoir... Tu as appelé le SAMU ? Tu m'as injecté l'adrénaline ?

JB eut un moment d'hésitation avant de répondre à son épouse. Il tenta de se remémorer la scène et se souvint qu'elle semblait déjà inconsciente lorsqu'il était entré dans la maison.

— Si je n'avais pas été là, tu serais morte !

— Vraiment ? Qu'as-tu donc fait pour me sauver ?

— Les secours ne sont pas arrivés par miracle, enfin ! Et qui leur a ouvert la porte, à ton avis ?

— Tu leur as ouvert la porte, oui, ça je te crois. Maintenant, explique-moi comment le jus de kiwi s'est mystérieusement trouvé dans mon shaker ?

JB commença par nier toute manœuvre intentionnelle, mais face à l'insistance de sa femme, il bredouilla quelques arguments peu plausibles et de nouveau accusateurs à son égard. Il se serait peut-être effectivement trompé par inadvertance, débordé par ses journées harassantes, fatigué et beaucoup trop occupé, contrairement à elle qui n'avait pas grand-chose à faire.

— Tu mens comme tu respires. Et la piqûre, qui n'était pas dans mon sac, tu m'expliques ?

— Je n'ai rien à expliquer.

— Je crois que si, pourtant. Tu me l'as intentionnellement

subtilisée dans le taxi.

— Bon, ça suffit, maintenant, Catherine. Tu es en train de m'accuser de quoi, exactement ?

— Tu le sais très bien, arrête de faire semblant.

— Tu es complètement folle.

— JB, tu as essayé de te débarrasser de moi.

— Tu n'as aucune preuve. Tu nages en plein délire et je te conseille de faire attention.

— Ah oui ?

— Ne joue pas à cela avec moi, Catherine. Tu n'as pas les épaules. J'ai le bras plus long que toi. Je t'attaquerai pour diffamation.

Catherine s'attendait à une réaction de ce type avec son mari. Il était incapable de reconnaître ses actes et de les assumer. La mauvaise foi et le mensonge garnissaient tellement son quotidien qu'il en avait fait son domaine d'excellence. Son attitude trahit toutefois son inconfort face à une femme qui lui tenait tête pour de bon, sans intention de faire machine arrière. JB alluma l'ordinateur. Catherine comprit immédiatement qu'il allait se connecter au compte en ligne de la caméra.

— Qu'est-ce que tu fais ? lui demanda-t-elle.

Il ne répondit pas. Elle s'approcha de lui, près de l'écran d'ordinateur, et constata qu'il s'apprêtait à supprimer la vidéo du soir de l'accident. Elle intervint avant qu'il puisse agir.

— Est-ce que c'est cela que tu cherches ? interrogea-t-elle en lançant la vidéo depuis son téléphone, face à lui.

Lorsque le visage de son mari sembla se décomposer, elle ressentit une espèce de jubilation. JB se leva brutalement du siège et tenta de lui arracher le téléphone des mains. Catherine lui ordonna d'arrêter immédiatement sous peine d'appeler la police.

— Tu te fais virer de ta boîte pour harcèlement sexuel, alors si en plus tu te trouves accusé de tentative d'homicide, je pense que tu risques de prendre cher. Tu y tiens vraiment ?

— Tu ne vas quand même pas faire ça ? Après tout ce que j'ai donné pour toi ? Pour ton fils ?

— J'ai un seul appel à passer et une vidéo à envoyer pour te faire tomber. Ce n'est pas compliqué. Ou alors...

— Ou alors quoi ? Tu proposes mieux ?

— À toi de voir. Ta valise est prête dans la chambre. Finis-la et pars. Ne reviens jamais. Et tu n'entendras plus parler de moi.

— Ah oui ! C'est ce qu'on verra... Quand tu auras besoin d'argent, j'espère juste que tu ne t'imagines pas que je vais continuer à t'entretenir.

— Cela ne te regarde plus. Fais ta valise et pars, c'est tout ce que je te demande. Et avant de partir, pose tes clés sur la table.

JB s'exécuta. Il commença par appeler un taxi et réserver une chambre d'hôtel. Il souhaitait à tout prix éviter d'être vu dans la rue seul, à pied, avec des bagages. Il prit une seconde valise pour réunir un maximum d'affaires. Moins il en laisserait dans cette maison, mieux ce serait pour lui. Il voulait s'épargner la honte de revenir un jour ici, sous les regards des voisins curieux qui auraient certainement compris son manège et son vrai visage.

— Voilà, tu es contente ? Tu vas vivre de quoi, maintenant ? D'amour et d'eau fraîche avec l'autre abruti d'écolo ?

— D'amour et d'eau fraîche, peut-être. De liberté, sûrement. Allez, pars, maintenant.

Catherine se retrouva seule dans sa maison. À la fois libérée, vidée, presque surprise, mais fière de ce qu'elle venait d'accomplir. Des larmes inondèrent ses yeux de manière incontrôlée, des larmes de joie, de colère évacuée, de soulagement, mais de peur aussi. Elle venait de sauter dans le vide, de faire voler en éclats le château de cartes, de sortir des rails ; il lui fallait désormais trouver encore un peu de force pour déployer ses ailes et s'envoler pour de bon, affronter l'inconnu et, enfin, vivre sa vie.

35. L'heure de vérité

Dans la maison de Vanessa et Bruno, l'ambiance s'était apaisée. Vanessa avait trouvé un accord avec un de ses concurrents, intéressé pour racheter son entreprise. Afin d'optimiser les chances de réussite de l'opération, elle avait contacté tous ses clients et tenté de les convaincre de souscrire au contrat proposé par son concurrent. La somme qu'elle récupérerait à l'issue de la vente serait proportionnelle au nombre de contrats convertis, aussi tous ses efforts étaient largement justifiés. En outre, séduit par son efficacité commerciale et sa conscience professionnelle, son concurrent lui avait fait une offre d'embauche pour assurer la direction de son agence de Bordeaux. Vanessa était encore dans une phase de réflexion mais allait probablement accepter la proposition. Le salaire était bien inférieur à ce qu'elle gagnait lorsqu'elle habitait Paris, mais le travail était intéressant, gratifiant et à deux pas de chez elle.

Pour Vanessa et Bruno, le confort de vie primait désormais sur l'argent qui tombait sur le compte en banque. Bruno appréciait d'ailleurs un peu plus chaque jour ses journées sédentaires au bureau. Les déplacements d'avant, la pression des objectifs commerciaux et les nuits à l'hôtel ne lui manquaient pas le moins du monde. L'absence de JB avait clairement contribué à assainir les relations entre les collègues. Apprécié dans son travail, Bruno avait de plus de belles perspectives d'évolution. La vie parisienne n'était plus qu'un lointain souvenir.

Le couple avait presque réussi à équilibrer son budget

mensuel en renonçant à certaines dépenses. Les cours d'œnologie, le tennis, les achats intempestifs de vêtements et les restaurants disparurent ou firent l'objet de réductions drastiques. Vanessa se surprit elle-même à retrouver une délectation qu'elle croyait perdue lors des dîners au restaurant avec son mari. Plus rares qu'auparavant, voire exceptionnels, ils étaient devenus bien plus confidentiels, intimes, précieux et savoureux. Comme si les excès, l'abondance et les habitudes de leur vie passée avaient fini par mettre en sommeil une certaine idée du plaisir ; et comme si, réciproquement, la parcimonie et la rareté pouvaient raviver cette même conception du plaisir.

Vanessa supposa que Catherine avait quitté l'hôpital et regagné son domicile ; le scooter de JB n'était plus là depuis quelques jours et les volets de la maison s'ouvraient le jour et se fermaient le soir. Plutôt que de sonner à sa porte, elle décida de lui faire parvenir un SMS, pour ne pas la déranger après son accident et lui tendre la main, lui proposer son aide, si toutefois elle en avait besoin.

Catherine, quant à elle, n'avait pas bougé de sa maison depuis son retour de l'hôpital et le départ de JB. Elle avait seulement besoin d'être seule, de se remettre de ses émotions, de mettre de l'ordre chez elle, de commencer à envisager la suite. Son fils Thibault lui manquait terriblement. Si elle se sentait prête à le laisser voler de ses propres ailes, le vide provoqué par son départ brutal et son refus de dialogue était aussi douloureux qu'une plaie qui ne pouvait se refermer. Elle nourrissait néanmoins, au plus profond d'elle-même, le mince espoir qu'il finirait par renouer le contact, un jour. Elle avait confiance en lui. Cette idée l'aidait à se lever chaque jour, à ne pas sombrer, à avoir envie de continuer à vivre. Le SMS de Vanessa lui rendit presque le sourire et lui rappela qu'elle n'était pas seule. Elle avait une amie, une vraie amie, sur qui compter.

Elle mesura à cet instant combien l'amitié était une chose précieuse et n'attendit pas pour enfiler une veste et sonner à sa porte, après avoir récupéré dans sa cave une bouteille de vin.

— Mes amis, je suis tellement contente de vous revoir ! dit Catherine en tendant la bouteille à Vanessa.

— Château Balestard La Tonnelle 2016, remarqua Bruno, c'est un très bon millésime !

Vanessa ouvrit la bouteille et servit l'excellent Grand Cru Classé Saint-Emilion, accompagné de quelques biscuits apéritif. Elle et Bruno n'osèrent aborder le sujet de la disparition de JB, absent du quartier depuis plusieurs jours, mais Catherine s'y attela. Elle fut brève et garda pour elle ses soupçons quant à la tentative d'homicide de son mari à son encontre. Elle se contenta de livrer les informations qui les concernaient directement : JB ne reviendrait ni au travail, ni dans sa maison; ils allaient divorcer; ils étaient mariés sous le régime de la communauté; il garderait l'argent et elle la maison; une fois ses affaires réglées, il partirait probablement à l'étranger. Thibault, Alex et sa mère étaient autant de sujets qu'elle ne souhaitait pas évoquer maintenant. Plus tard, peut-être.

— Vous êtes mes amis. J'ai toujours été sincère avec vous. Pourtant, je me sens un peu responsable de toute cette mascarade.

Vanessa et Bruno se regardèrent, désolés eux aussi de la situation.

— Nous savons que tu as toujours été honnête avec nous, dit Bruno.

— On sera toujours là pour toi, Catherine, ajouta Vanessa. Je suis sûre que tu vas en sortir plus forte.

En mode silencieux, le téléphone de Catherine vibra. Vanessa, juste à côté de l'appareil, le lui tendit.

— Tiens Catherine, c'est ton fils, je crois, lui dit-elle après avoir vu le prénom “Thibault” apparaître sur l’écran.

Catherine ne put décrocher à temps. Son cœur palpitait et elle sentait des étoiles dans ses yeux. Son expression devint toutefois beaucoup plus grave lorsqu’elle comprit l’objet de l’appel de son fils, en découvrant son message vocal.

Maman, je suis avec grand-mère depuis plusieurs jours. Je voulais que tu saches qu’elle est au plus mal et vient d’être admise dans un centre de soins palliatifs. Je pense que ce serait bien que tu passes la voir. Fais-le au moins pour moi. N’attends pas trop. C’est une question d’heures, de jours tout au plus. Au revoir, maman.

— Tout va bien, Catherine ? demanda Vanessa.

Catherine fut silencieuse quelques secondes, puis ravala sa salive. Elle comprit que l’hospitalisation récente de sa mère devait être bien plus grave que ce qu’elle avait imaginé. Cela ne la surprenait pas car sa mère avait un rapport particulier à la maladie. Elle faisait partie de ces personnes qui jugeaient utile de ne consulter le médecin que lorsque la situation devenait désespérée. Solide comme un roc, elle semblait invincible. Malgré les incitations de son gendre et de sa fille à déménager dans un logement de plain-pied, elle avait fermement refusé et décidé de rester “jusqu’au bout” dans la maison où elle avait toujours vécu. L’escalier en pierre était haut, dangereux, glissant, mais son point de vue était simple et non négociable : le jour où elle ne serait plus apte à monter cet escalier, ce serait la fin. Cette femme possédait un instinct de battante solitaire. Elle refusait toute dépendance, tout apitoiement. D’une certaine manière, Catherine pensait qu’il était logique qu’elle ait caché la gravité de son état de santé. Elle avait très probablement la conviction qu’elle s’en sortirait. Sauf que cette fois la bataille était inéquitable ; ses forces s’amenuisaient de jour en jour et la maladie la rongeait avec une monstrueuse rapidité. Le roc n'en était plus un.

— Ça va aller, merci. Il y a beaucoup de chamboulements dans ma vie, comme vous pouvez le deviner. Mais cela va bien se passer. Merci d'être avec moi.

Il était trop tard pour rendre visite à sa mère ce soir-là. Elle resta pour le dîner en compagnie de ses voisins et projeta de se rendre au centre de soins palliatifs dès le lendemain matin. Depuis sa dispute avec sa mère, elle n'avait plus eu aucun échange avec elle. La colère avait cédé la place à une rancœur qui ne se dissipait pas. Il lui était impossible d'oublier toutes ces années de mensonge, à dénigrer Alex, à le laisser pour mort alors qu'il ne l'était pas, à soutenir systématiquement JB, à le placer sur un piédestal, à avoir indirectement contribué à la rendre dépendante et sous l'emprise d'un être aussi odieux, et même dangereux. Pourtant, le message de Thibault l'avait touchée. Elle devait répondre à l'appel de son fils, et par ricochet à l'appel de sa mère. La revoir une dernière fois, lui parler de nouveau, peut-être pardonner certaines choses, et l'accompagner dans son dernier voyage. Son intuition lui susurrait que toutes deux avaient peut-être encore des choses à se dire. Elles ne pouvaient se quitter en se détestant ainsi. Les liens du sang étaient bien plus forts que cela.

36. Le monde d'après

Depuis que JB avait quitté la maison, Catherine avait retrouvé un sommeil profond et de qualité. Le sentiment de libération, d'apaisement et de confiance dans l'avenir l'emportait malgré les émotions générées par le départ de Thibault.

Son fils venait de lui tendre la main et de rompre un lourd silence. Il avait de plus témoigné d'une immense bienveillance en proposant une improbable réconciliation entre sa mère et sa grand-mère.

Catherine se souvenait de ce jour où elle avait dit à sa mère qu'elle la détestait, et éprouvait des regrets. Elle ne pouvait détester la femme qui l'avait mise au monde, qui l'avait éduquée, qui avait toujours agi selon ce qu'elle croyait bon pour elle. Elle pouvait légitimement lui en vouloir, mais pas la détester. Elle songeait à son fils, qui venait d'encaisser un mensonge odieux et brutal et qui, pourtant, avait eu l'élégance de faire un premier pas pour renouer le contact. Catherine décida d'avoir elle aussi cette intelligence, cette dignité, en rendant une visite à sa mère.

Au centre de soins, la gravité de son état lui fit l'effet d'une claque. Les médecins l'informèrent que sa mère était touchée par un cancer foudroyant, diagnostiqué seulement quelques mois plus tôt. La maladie ne lui avait laissé aucun espoir de guérison et elle avait refusé toute forme d'acharnement thérapeutique. Les soins de confort qui lui étaient prodigués lui évitaient bien des souffrances, mais ses heures étaient désormais comptées.

Catherine pénétra à pas feutrés dans la chambre où sa

mère se reposait paisiblement. Son teint était aussi pâle que les draps de son lit. Elle s'approcha d'elle et, après une courte hésitation, prit sa main dans la sienne, doucement. Les larmes montèrent dans ses yeux quand elle sentit une pression sur sa main, comme pour la remercier d'être là. Sa mère entrouvrit ses paupières et lui sourit.

— Je t'attendais, lui dit-elle.

— Maman, je suis désolée... De ce que je t'ai dit, de ne pas avoir vu que tu étais malade...

— Il fallait que je te voie avant de partir.

— Tu vas rester encore un peu, tu es solide, non ?

— Ce n'était qu'une carapace, ma chérie. Et quand la carapace s'effrite, c'est qu'elle n'est plus très loin de s'effondrer.

Catherine laissa une larme couler sur sa joue quand sa mère l'appela “ma chérie”. Ces mots doux la renvoyaient à sa plus tendre enfance. Elle pensa à son père, au temps du bonheur quand la famille était unie et heureuse, à l'époque où sa mère souriait presque chaque jour.

— Je n'aurai pas la force de tout t'expliquer, poursuivit la mère de Catherine.

— Que veux-tu m'expliquer, maman ?

— Catherine, quand tu partiras d'ici, tu prendras mes clés de maison dans mon sac à main. Tu iras dans ma chambre, et tu ouvriras le tiroir de ma table de chevet.

— D'accord.

— J'ai passé beaucoup de temps avec Thibault, ces derniers jours. Tu as un fils formidable. Tu peux être fière de lui.

— Je sais. Mais il a appris les choses brutalement au sujet de son père, et il n'est pas près de me le pardonner. Je crains d'avoir perdu sa confiance.

— Thibault est un garçon intelligent. Intelligent comme sa mère et peut-être comme son père. Je parle de son père de sang, celui que je n'ai pas voulu accepter. Ma chérie, avant que tu partes, je voulais que tu saches combien je regrette d'être restée campée sur des positions stupides et infondées sur ton mari, sur toi, sur Alex.

— Alex ?

— Oui, Alex. J'ai compris beaucoup de choses grâce à ton fils. Il m'a ouvert les yeux. Trop tard, malheureusement.

La mère de Catherine sembla avoir la respiration coupée quelques secondes, avant d'expirer de nouveau. Catherine se leva et appuya sur l'interrupteur pour appeler le personnel en urgence. Sa mère ne la quittait pas des yeux et, avant d'expirer pour la dernière fois, elle lui souffla ces mots :

— Pardonne-moi.

Catherine s'effondra près d'elle et resta plusieurs minutes à ses côtés. Une infirmière s'approcha et ferma délicatement les yeux de sa mère, en regardant Catherine.

— C'est fini, lui dit-elle doucement.

Catherine erra longtemps dans les rues de la ville, puis se rendit chez sa mère, comme elle lui avait demandé de le faire. Thibault n'était pas là. La maison était vide et cela lui procurait d'étranges sensations. Elle prit conscience de la place qu'occupait la maîtresse de ces lieux depuis toujours, et du charisme qu'elle dégageait. L'esprit embrumé, instinctivement, elle s'installa quelques minutes dans un fauteuil du salon, celui dans lequel sa mère se reposait les après-midis après le déjeuner. Tellement habituée à s'asseoir à la même place tous les dimanches pendant des années, elle découvrit, depuis ce fauteuil, l'espace intérieur de cette maison sous un nouvel angle. Sa mère avait subtilement disposé son fauteuil dans le salon, face à un cadre photo où son mari tenait Catherine, petite, dans ses bras. Tel qu'il était orienté, les rayons du soleil atteignaient le visage de son occupant vers le milieu de l'après-midi, en fonction de la saison. Le réveil après la sieste s'effectuait ainsi en douceur, avec chaleur et lumière.

Avant de monter à l'étage, Catherine transmit un SMS à Thibault pour l'informer du décès de sa grand-mère. Il lui répondit peu après :

Maman, nous avons dû nous croiser de peu. Quand j'ai vu grand-mère tôt ce matin, je savais que c'était la dernière fois. Je suis dans le train, je vais passer quelques jours à Paris. Appelle-moi si tu as besoin de quelque chose. Je serai de retour avant les obsèques. Bon courage, maman.

Émue de la porte ouverte au dialogue laissée par son fils, Catherine se dirigea vers l'escalier qui menait aux chambres. Elle se rappela la détermination de sa mère qui avait toujours refusé d'habiter un logement de plain-pied, ou, pire encore, de dénaturer la structure de sa maison en transformant le salon du rez-de-chaussée en chambre. Le cours des choses lui avait donné raison : elle avait été capable de monter cet escalier jusqu'au bout.

L'étage desservait deux chambres, un bureau et une salle de bain. La maison possédait un cachet typiquement bordelais, avec ses cheminées en marbre dans chaque pièce, ses carreaux de ciment, ses moulures, sa hauteur sous plafond, son parquet en chêne massif en point de Hongrie et la pierre apparente. Catherine redécouvrait ces espaces, qu'elle n'avait pas revus depuis des années. Les moments passés chez sa mère se déroulaient en effet essentiellement dans le salon, la salle à manger et la cuisine, au rez-de-chaussée. Tout était impeccable et parfaitement entretenu. Quand elle franchit le seuil de la chambre, elle eut un étrange réflexe ; elle tourna la poignée de la porte tout doucement, comme si quelqu'un se reposait à l'intérieur. Pourtant, comme dans toutes les autres pièces de la maison, seuls les meubles occupaient l'espace. L'absence de la maîtresse des lieux était perceptible et la sensation de vide assez vertigineuse.

Catherine s'installa sur le lit pour ouvrir le tiroir de la table de chevet. Elle y découvrit une petite enveloppe qui lui était destinée, et en-dessous une autre enveloppe bien plus épaisse, attachée à l'aide d'un élastique.

La première contenait une lettre, datée d'une semaine plus tôt.

Catherine,

Il est trop tard pour rattraper le temps perdu, mais je vais faire de mon mieux pour réparer ce qui peut l'être, même si cela ne sera qu'une vulgaire rustine sur ce que je considère comme un massacre et un immense gâchis.

Je t'écris maintenant car je ne suis pas certaine que nous nous reverrons ici-bas. Je lutte depuis trois mois contre un mal qui me ronge et qui me vaincra d'ici peu. Je suis condamnée.

Ce que j'ai à te dire est douloureux. Je ne veux surtout pas salir la mémoire de ton père mais je te dois la vérité. Quand il est décédé, j'ai découvert une situation que j'étais loin d'imaginer. Nous étions criblés de dettes. Derrière les vacances en Espagne ou dans les Alpes, derrière nos belles toilettes, notre grosse voiture, nos dîners dans les plus grands restaurants, les parties de golf, notre maison bourgeoise en plein Bordeaux, il n'y avait que des dettes. Ton père avait sombré dans l'engrenage du jeu sans que je m'en aperçoive. Nos économies ont comblé une partie des dettes, mais pour le reste j'ai dû hypothéquer la maison et travailler comme un forçat. J'ai vendu quelques-unes de nos belles choses qui avaient une valeur plus pécuniaire que sentimentale. J'ai repris en main l'entreprise de ton père, pour essayer de la redresser. J'ai renoncé. La situation était désespérée sans de gros investissements qui étaient hors de ma portée. Et aussi je n'avais pas le temps de bien m'occuper de toi. J'ai vendu une partie de l'entreprise mais ai eu l'idée de conserver quelques parts -j'ai bien fait. J'ai trouvé un travail comme assistante de direction. J'effectuais de nombreuses heures supplémentaires pour gagner un peu d'argent. J'ai redressé la barre. Au bout de dix ans j'ai pu lever l'hypothèque de ma maison et commencer à mettre de l'argent de côté. Mes parts dans la société de ton père avaient pris énormément de valeur. Je les ai cédées et placées sur plusieurs contrats d'assurance-vie. Pour toi, pour Thibault, pour JB. Sache que la semaine dernière, j'ai rencontré mon notaire et mon banquier pour modifier la clause bénéficiaire du contrat destiné à JB. Il n'aura rien. Thibault m'a ouvert les yeux sur beaucoup de choses. Je m'en veux terriblement de ne pas l'avoir fait plus tôt.

Quand ton fils est venu chez moi, après votre différend, j'ai pu faire pas mal de recoupements avec des situations auxquelles je n'avais jamais prêté attention. Le coup de grâce me fut donné lorsque ton mari m'a rendu visite le lendemain de l'incident, furieux après toi et Thibault. J'ai vu son vrai visage. Il a craché son venin et m'a insultée. Je t'épargne ce que j'ai entendu. J'en tremble encore. Dire que j'ai été aveugle pendant presque vingt ans !

Je ne sais pas si j'ai bien fait, mais Thibault avait tellement de questions sur son père... Je lui ai montré les lettres. Il les a toutes lues, je crois. Face à mes premières réactions au sujet d'Alex, il a insisté pour m'en lire quelques passages. C'est à ce moment précis que j'ai réalisé à quel point ma haine n'était que stupidité infondée. Tu as eu raison de me détester. Et tu pourras me haïr encore longtemps. Je comprendrai. Je n'avais jamais eu la curiosité d'ouvrir ces lettres. Je ne voyais dans cet homme qu'opposition, rébellion, contestation, et surtout un danger pour toi. Quand Thibault m'a lu quelques passages de ses lettres pour toi, j'ai découvert un homme blessé, sensible et éperdument amoureux de toi. Alex est un poète et ses mots m'ont touchée. Un homme qui écrit de telles choses à une femme ne peut qu'être une personne merveilleuse.

Ces lettres se trouvent dans l'enveloppe que tu trouveras dans ce tiroir. À l'heure où tu me liras, ton fils aura sûrement rejoint son père à Paris, et moi les étoiles ou l'enfer.

Ma chérie, sois heureuse, tu le mérites tellement. J'espère qu'un jour tu pourras me pardonner.

Au revoir, Catherine.

Maman.

Catherine se réveilla sur le lit de sa mère, le lendemain matin, réalisant qu'elle s'était assoupie à son insu après avoir lu les lettres d'Alex. Elle ne se souvenait pas de ses rêves mais savait qu'ils étaient beaux. À son réveil, elle pensait à Thibault, qui avait dû rejoindre son père à Paris. Elle choisit de ne pas leur téléphoner, ni de leur écrire. Elle se devait de respecter ces instants hors du temps entre son fils et son père. Elle les imaginait se découvrir l'un l'autre, se parler jour et nuit pour tenter de rattraper l'irrattrapable, tout ce temps perdu pendant plus de vingt ans. Alex devait être fier de son fils, et Thibault fier de son père. Elle en avait la certitude.

Les jours qui suivirent ressemblaient à une espèce de parenthèse entre la fin d'une ère et le début d'autre chose. Rangement, tri, préparation des obsèques, un peu d'évasion aussi, occupaient les journées et l'esprit de Catherine. Pour le choix de la musique, durant la messe, elle avait longuement hésité. Sa mère affectionnait particulièrement la septième symphonie de Beethoven et le Requiem de Mozart, mais Catherine les trouvait, bien que sublimes, un peu trop classiques et conventionnelles. Elle voulait sortir de ces conventions, justement, et trouver le morceau qui ressemblerait le plus à sa mère. Un morceau qui laisserait transparaître son élégance, naturelle et sans fioriture, une certaine grâce aussi, et derrière une apparence soignée et presque froide, une réelle sensibilité. Le Cygne de

Camille Saint-Saëns[1] semblait être le passage idéal, avec une parfaite alchimie entre le piano et le violoncelle, entre douceur et caractère, entre pureté et beauté, entre réserve et sensibilité quand l'instrument atteint les dièses.

Pendant ces quelques jours, Catherine avait rédigé un texte qu'elle lirait durant la cérémonie. Elle soulignait la résilience de sa mère qui, veuve très jeune, avait assuré seule son éducation. Elle évoquait aussi sa carapace, sa volonté de fer, sa détermination, qui n'avaient d'égales que sa sensibilité. Elle la remerciait d'avoir donné tout ce qu'elle pensait bon pour elle, sa fille. Elle ne l'avait pas écrit dans le texte, mais elle lui pardonnait. Elle le lui dirait quand elle serait seule avec elle. Après.

La veille des obsèques fut marquée par une triste découverte. Dans le bureau situé près de la chambre de sa mère, un des tiroirs possédait un double fond. Celui-ci renfermait ce que la mère de Catherine aurait très probablement voulu garder secret, pour ne pas ternir l'image que sa fille avait toujours eue de son père. Catherine comprit que ce dernier avait eu de nombreuses aventures, en découvrant des lettres soigneusement rangées dans le tiroir. Sa mère avait fermé les yeux sur des années d'infidélité pour préserver l'équilibre de la famille, et certainement aussi sauver les apparences. On ne divorçait pas, à l'époque. On supportait, le cœur lourd, et on essayait de garder le sourire. Et aussi sauver l'honneur. Le père de Catherine était un homme d'affaires respecté, il ne fallait pas ternir son image, mais au contraire la préserver aux yeux des autres et vis-à-vis de sa fille. Elle devait voir en son père l'incarnation du chef de famille, de la figure respectée et respectable, charismatique, avec le sens des responsabilités à l'égard de sa famille. Catherine réalisa en parcourant ces lettres le sacrifice de sa mère et son

1. Le Carnaval des Animaux

silence, avant et après la mort de son mari. La carapace était finalement plus épaisse qu'elle n'y paraissait.

L'église était comble. Le cercueil progressait et donnait l'impression de flotter au cœur de l'assemblée, majestueusement, à l'image du cygne de Camille Saint-Saëns glissant au milieu d'un lac. Catherine tressaillit lorsqu'elle vit Thibault qui se tenait sur sa rangée, tout près d'elle. Quand vint le moment de lire son texte, elle replia la feuille de papier et improvisa son discours. La rancœur avait définitivement cédé le pas à la loyauté. Elle évoqua l'élégance, la discrétion, la résilience, le courage et, derrière cette fichue carapace, la grande humanité de sa mère, qui avait toujours agi selon ce qu'elle estimait bon pour les siens. Elle reprit place dans sa rangée, et croisa le regard de Thibault, qui lui témoignait sa gratitude. Bien qu'il ne fût pas joué dans l'église, le morceau de gospel “Amazing Grace” s'était imposé à elle et semblait se jouer en boucle dans son esprit. Elle se sentait ailleurs, en cette journée si spéciale. Les images de sa vie défilaient de manière désordonnée et incontrôlée. Une page venait de se tourner.

Les personnes présentes au cimetière étaient moins nombreuses qu'à l'église. Catherine avait glissé le texte qu'elle n'avait pas lu dans une enveloppe, après avoir ajouté à la fin ces quelques mots :

Tu es pardonnée.

Face au tombeau ouvert, elle jeta l'enveloppe avec des pétales de rose, puis s'éloigna sans se retourner, en regardant droit devant elle. Au loin, il y avait des arbres, et à côté des arbres, une ombre. Elle ralentit le pas, sentant qu'il se passait quelque chose d'étrange. L'air de musique “Amazing Grace” ne la quittait plus depuis la sortie de l'église. L'ombre semblait avancer vers elle doucement. À ses côtés, elle sentait la présence de Thibault et se tourna naturellement vers lui. Elle comprit que lui aussi regardait cette ombre, avant d'orienter son regard vers elle accompagné d'un sourire complice. Catherine fut soudain parcourue d'un immense frisson, un frisson qui lui transperçait le corps tout entier et qu'une seule personne sur cette Terre pouvait lui offrir. Un frisson plus puissant encore que celui qu'elle avait imaginé lors du rendez-vous manqué de la gare de Poitiers. Un frisson qui lui donnait cette fois un vrai rendez-vous avec son destin.

Alex se tenait face à elle, comme au bal, vingt-et-une années plus tôt. Nul besoin d'émettre un seul son.

Leurs seuls regards suffisaient.

Epilogue

La dame aux chats dame enfila ses sandales, saisit son cabas, caressa et embrassa ses chats, puis reprit son chemin quotidien. Le soleil printanier sublimait les reflets couleur sable des façades en pierre de sa rue. Elle aimait cette homogénéité, la régularité des alignements d'échoppes bordelaises, dont les portes rouges, bleues, grises ou vertes, parfois ornées de jasmins, de roses trémières ou de plumbagos, apportaient une touche d'indiscipline et d'originalité.

Elle avançait devant l'élégante maison de Catherine, cette maison à étage un peu plus cossue que ses voisines. Là, elle se souvenait de ce que masquaient parfois ces jolies façades, une tout autre réalité que celle que l'on veut montrer aux autres.

Lorsqu'elle franchit les grilles de l'entrée de la rue du Bocage, une sensation de plénitude l'envahit ; ce jour-là plus que d'ordinaire. Après la passerelle, près du saule, le cormoran, fraîchement sorti de l'eau, séchait ses ailes grandes ouvertes avec des battements amples. Le jars au bec orange, l'air fier, accélérait le pas pour obtenir le privilège d'être nourri directement dans le creux de sa main. Les oies d'Egypte, quant à elles, se trouvaient un peu plus loin dans la pelouse, du côté du théâtre de Guignol. C'est là qu'elle comprit qu'il s'était passé quelque chose. Elle esquissa un sourire. Elle scruta les oies, les compta une à une. Aucun doute : les petits, devenus grands, n'étaient plus au complet. Il n'en restait plus que six. Cela faisait quelques jours déjà qu'elle le pressentait.

Pour elle, l'évidence était là : l'oie manquant à l'appel s'était envolée. Elle avait franchi les grilles du parc, les limites de cette prétendue frontière l'isolant de la liberté, renoncé au confort de son cocon, mais aussi à une dépendance certaine. Elle avait osé affronter l'inconnu et ses incertitudes. Et puis, surtout, elle avait atteint un point de non-retour, car dans son envolée vers un avenir dont elle ignorait tout, conservait-elle une intime conviction : elle possédait désormais ce à quoi tout un chacun aspirait.

Les clés de la liberté.

Remerciements

En premier lieu je souhaite exprimer ma gratitude à mes bêta-lecteurs, pour leur implication bienveillante et constructive. Laurent, Sandrine, Maïté, Marina, Valérie, vous m'avez été d'une aide précieuse.

Merci à ma coach littéraire Emmanuelle Jappert pour son accompagnement durant cette merveilleuse aventure qu'est l'écriture d'un roman. Cette seconde collaboration, placée sous le signe de la confiance, a permis de faire éclore ce nouveau livre.

Un grand merci revient naturellement à tous mes proches, pour leur patience, leur soutien sans faille et leurs encouragements.

Enfin, parce que "La vie a beaucoup plus d'imagination que nous", comme disait François Truffaut, j'adresse mes sincères remerciements à tous ceux et toutes celles qui ont croisé mon chemin, consciemment ou inconsciemment, furtivement ou durablement, que j'ai aimés ou que je n'ai pas aimés, car une chose est sûre : tous ont contribué à convertir mon imagination en inspiration, et mon inspiration en création.

Table des matières

Dépôt légal septembre 2023

Librinova

www.librinova.com

Imprimé en France
FRHW010319171123
37052FR00003B/14

9 791040 536468